주름

주름

이경은 수필집

인간과문학사

● 작가의 말 ●

주름, 이 말을 처음 들은 게 언제였나.
"이마에 주름이 생겼구나. 여자는 주름이 있으면 늙어 보이는데…. 너무 생각 많이 하지 마라."
어머니는 내 이마를 보고 걱정하셨다. 그때 내 머릿속에 남은 말은 '여자'와 '생각'이었다. 여자는 늙어 보이면 안 되고, 늙어 보이게 하는 주름의 원인은 바로 '많은 생각'이었다. 결국, 효도를 못 했다. 이후 내가 문학과 손잡으며 한 일이란 그 많은 생각뿐이었으니.

이 책의 제목인 《주름》은 저 유명한 철학자 들뢰즈의 '주름'이나 라이프니츠의 주름 잡힌 모나드와 관계가 없기도 하고 슬쩍 있기도 하다. 모나드란 싹트는 씨앗이나 춤추는 원자를 의미하지만, 우주생성의 점이자 영혼으로 의미가 확대되기도 한다. 나는 삶의 황홀한 슬픔과 몽환적인 허무, 영혼에 파문을 일으키는 알 수 없는 그 무엇들, 인생과 문학 속에서의 굴곡과 흔적들을 '주름'이라 부른다. 들뢰즈의 접기, 펼치기, 다시 접기의 고차원적인 주름은 멀기도 하고 가깝기도 하다.

어느 유명 여배우가 나와서 이렇게 말했던 게 기억이 난다.
"마음엔 주름이 안 생겨요."
한참 동안 나는 이 말이 좋았다. 마음에는 주름이 안 생긴다니 그거 좋군, 하며 마음을 맘껏 쓰고 다녔다.
그러다 문득 깨달았다. 작가가 하는 일이란 게 혹시 이 마음의 주름을 쓰는 게 아닐까 하는 돌연한 생각이 탁, 쳤다. 그러자 나와 사람들의 마음속 주름진 자리마다 하나하나 삶의 이야기가 들어있는 게 보이기 시작했다. 결국, 그걸 글로 쓰기 시작했고, 곱게 때로는 거칠게 다림질을 했다. 다림질로 쫙 펴지기도 하고, 여전히 구깃구깃 접힌 자국이 남아있을 때도 많았지만.
내 마음에도 주름이 적지 않다. 다행히 나는 늙어가고 있어서 여자라는 개념이 흐릿해져도 상관이 없고, 작가라서 많은 생각을 하는 게 당연한 처지가 되어 더없이 편하다. 무엇보다 나의 일생에서 '언어와 사유'에 대한 생각을 깊고 넓게 한 시기에 쓴 책이라 개인적 의미와 가치가 있다.
이마의 주름이 새삼 고맙다.

　　　　　　　　　　　　　　　　−수리산이 보이는 서재에서

목차

작가의 말 … 4

1부 언어의 손끝

　　언어를 쓰다듬다 … 10
　　수필을 구하다 … 14
　　회억回憶의 숨결 … 18
　　매혹이라는 그 은유 … 22
　　한없이 슬픔에 가까운 비밀 … 26
　　길모퉁이 서점에 가면 … 30
　　바람이 걸어오다 … 34
　　너를 잃어버릴까 봐 … 38
　　막연한 불안 … 42

2부 과학의 냄새

　　내 안의 방랑자 … 50
　　불빛 언어의 신호 … 54
　　꽃들이 보내는 초청장 … 58
　　빅 데이터 앞에서 꾸물거리다 … 62
　　꿈 없는 잠 … 66
　　저벅저벅 … 70
　　아버지와 나 … 74
　　어머니와 나 … 79
　　고요한 집, 거룩한 생 … 84

3부 두 번째 여행

푸른 자전거는 기다린다 … 90
9월이 3월에게 … 93
두 번째 여행을 갑니다 … 96
커피와 담배 … 100
덜컥 … 104
춤, 그 멈춤의 힘 … 109
노트북, 키보드, 손가락 … 113
김녕 바다, 속울음의 꽃이 피다 … 116
비밀의 열쇠 … 121

4부 기억의 빛깔

스너프킨과 식탁에 마주 앉다 … 126
먼저 흔들리는 나무 … 130
저만치 산마을에 별이 내리다 … 133
우리 동네 문고리 시인 … 137
잠시 요정의 집에 살았다 … 140
기억의 숨은 빛깔 … 145
가지 않는 길이라서 아름다웠을까 … 150
당신이 모르는 어딘가에서 … 154
안녕 파킨슨 씨 … 159

5부 음악의 언표

노래에 숨은 눈물, 〈벨라 차오(Bella Ciao)〉 … 164
허수경 시인, 〈산 팔자 물 팔자〉 … 167
무명가수 30호와 시인 최지인, 〈1995년 여름〉 … 171
마리아 칼라스, 〈노르마-카스타 디바〉 … 175
음악이 사랑이다, 〈From Russia with love〉 … 179
천 원의 행복과 슬픔, 모차르트의 〈라크리모사〉 … 182
사라져 가는 사랑, 오마라 포르투온도의 〈Veinte Años-20년〉 … 185
책 읽어주는 음악, 베토벤 피아노 소나타 17번 〈템페스트(Tempest)〉 … 188
그 찬란한 날개를 타고, 슈베르트의 〈물 위에서 노래함〉 … 192
세상의 모든 추억을 위한 노래, 〈그린 필즈(Green Fields)〉 … 195
어디로 가야 하나, 〈돈데 보이(Donde Voy)〉 … 198
음악의 뮤즈가 내려오다, 파가니니의 〈베네치아의 축제〉 … 201
냉정과 열정의 음악, 슈베르트의 〈네 손가락을 위한 판타지〉 … 205

1부

언어의 손끝

언어를 쓰다듬다
수필을 구하다
회억回憶의 숨결
매혹이라는 그 은유
한없이 슬픔에 가까운 비밀
길모퉁이 서점에 가면
바람이 걸어오다
너를 잃어버릴까 봐
막연한 불안

언어를 쓰다듬다

 여행 첫날, 도쿄 세미나에서부터 '언어'가 줄곧 따라다닌다. 해외 번역문학에 대한 토론은 생각보다 진지하고 깊었다. 그게 뭐라고 이토록 많은 이가 가슴으로 매달리는가. 다른 땅, 다른 언어들은 각기 제 동네의 사람들을 닮고, 개개인 삶의 역사를 품는다.
 표상으로서의 언어와 그 밑에 숨은 의미와의 '틈'을 발견해 내야 한다는 암묵적인 약속에 우리는 잠시 시달린다. 틈의 간격은 자칫 방심하는 사이에 무한정 커질지도 모른다는 불안이 곁에 서 있다. 놓치지 말고 그 내밀한 차이를 날카로운 집게로 집어내어, 제대로 표현해야 한다는 무거운 압박을 기꺼이 받아 든다.
 예술가에게 언어란 도구이다. 특히 작가의 깊은 내면의 감정과 생각을 표현하는 '사유'를 끌고 오니 그럴 만도 하다. 언어가 하나의 세계를 고스란히 보여준다면, 사유는 계속해서 새로운 세계를 창조해 낸다. 수많은 책 속에 들어있는 매혹적인 글과 감성이 읽는 이에게 전달되어, 사유를 통한 창조의 세계를 열어준다. 무엇보다 글도 사람도, 아니 생각까지도 진실해야만 진정한 사유로서의 세계가 빛을 발할 수 있다.

내면 깊은 곳의 고통이 클수록 사유가 깊어지는 것 같다. 고통은 자기의 잘못으로 커지기도 하지만, '욥'처럼 자기의 잘못이 아니라도 고난을 겪을 수 있다. 바로 거기에서부터 나는 왜 그런가, 나에게 일어난 이 모든 일은 무엇인가 하는 사유의 세계로 들어간다. 그 마지막 골목 끝에 언어가 '드디어 내 차례군' 하면서 제 차례를 기다리고 있다. 특히 글을 쓰는 작가일 경우, 이 둘은 불가분의 관계이다. 사유가 언어를 앞으로 나아가게 한다.

언어란 살아있는 생생한 생명체이다. 사람들의 육체 안으로 들어가 한 차례 온몸과 혈관을 통해 움직인 뒤 잠시 가슴 한복판으로 가서 멈추었다가, 종내에는 사유의 반석인 뇌로 간다. 온몸을 돌았던 기氣는 그곳에서 창조의 용트림을 한바탕 세게 한 뒤에 새로운 언어들을 토해낸다. 손톱 끝 발끝의 기운들까지 모두 그 안에 들어있다. 통째로가 아니면 지나간 흔적이라도 끌어모아 자기만의 새로운 모습으로 나타난다. 언어란 그런 숭고미를 가진 가치 있는 존재이다.

인터넷상의 모든 인공지능 번역 기술, AI를 통한 창조 수단

들은 결국 그저 한낱 수단이다. 언어 그 자체가 아니라 흉내에 불과하다. 그것들이 서로 시너지 효과를 내며 시시각각 무서운 속도로, 거의 정확하게 닮은 모습으로 인간의 언어를 향해 달려온다고 해도 나는 협박당하지 않으련다. 두려워하지도 않으리. 하나 그 추이는 똑바로 지켜봐야 한다. 우리들의 언어를 지키기 위해, 작가의 생명인 언어를 살려내기 위해, 거대한 빅 데이터의 정보들을 등에 업고 펼쳐대는 인공지능 기계 언어들의 거친 활약을 두 눈을 뜨고 주시해야 하는 시간이 곁에 바짝 붙어있다. 우리의 세계로 자꾸 발을 들이민다. 신경이 곤두선다. 미래에 도래할 '그 무엇'에….

오스카 와일드는 "모든 예술의 표상 밑으로 파고드는 자는 위험을 무릅쓰고 파고드는 것이며, 상징을 읽어 내는 자는 위험을 무릅쓰고 읽어내는 것이다."라고 《도리언 그레이의 초상》 서문에서 말한다. 이 두 문장의 공통분모는 바로 저 모든 위험을 무릅쓰는 '용기'이다. 누구나 두려워 때론 두 눈을 감고 싶어지는 '들여다봄과 드러냄'에 대한 두려움. 하지만 그것을 넘어서는 진정한 용기를 낼 수 있는 존재가 바로, 작가이다.

언어로 글을 쓰는 종족들. 늘 애매하고 모호하며, 언제나 경계에서 서성대며, 불안하고 희미하며, 열정과 패배를 토해내고 들이마시고, 뭐 하나 시원한 정답을 내놓지 못하면서도 계속 쓰는 이상한 무리들. 두 손안에 언어가 들어있는 동안 그들은 행복하리라.

여행 중 숲길을 걸었다. 아침의 숲길이란 하루의 시작을 상쾌하게 출발시킨다. 걷다 보니 길 가운데에 해의 우물 같은 동그란 공간이 있다. 성큼 걸어 들어간다. 숲의 나무들이 내준 해의 그림자 안으로…. 동그란 원 안에 발을 들이밀고, 잠시 햇볕을 쬔다. 강한 볕이 머리끝 정수리에서부터 발끝까지 내리꽂힌다. 햇볕 욕, 온몸이 간질거린다. 풍욕은 가슴 안이 흔들거리는데, 이것은 피부 겉을 건드리고 지나간다.

눈을 감는다. 이 빛줄기를 타고 올라가면 어찌 될까. 실종자 처리인가 아니면 도망자 신세가 되려나. 짧은 순간의 긴 몰입. 여행 중 나만의 휴식, 달콤한 꿀 한 방울이다. 내 안의 젖은 언어도 꺼내 보송보송 말려야 할까.

수필을 구하다

　손으로 쓴 편지 한 통을 받았다. 그 신선함이라니. 책장 위에 살포시 올려놓았다. 힘들 때 도와줘서 고맙다는 내용인데, 따스한 군고구마를 먹는 기분이 들었다. 당장 전화를 걸어 얘기를 나누고도 싶었지만, 굳이 편지로 보낸 그녀의 마음을 아껴야 할 것 같았다.
　예전엔 누구나 다 연락하려면 편지를 썼고, 빨간 우체통에 집어넣으면서 손끝이 조금 떨리기도 했다. 돌아가는 길 내내 뒤를 돌아보고, 마음은 우체통 옆에 파수꾼처럼 밤새워 세워두기도 했다.
　편지를 보내고 돌아서는 순간부터 기다림이 시작된다. 기다림, 편지에는 '기다림의 공간'이 따라붙는다. 편지가 아름다운 것은 기다리는 마음이 동봉되기 때문일지 모른다. 어떤 답이

올 건지, 답장이 오지 않으면 어쩌나 하며 문밖을 서성대는 발걸음 소리가 담겨 있다. 그런 정경이 그립다. 시간만 잊어버린 것이 아니라 저 느린 마음도 함께 놓친 것 같아서.

연암의 서간첩을 번역한 책 《고추장 작은 단지를 보내며》를 보다가 낱말 하나가 눈에 들어왔다. 분명 한글은 '수필'인데, 산문인 수필과 한자가 달랐다. 호기심이 발동되어 눈을 책에 붙였다. 수필手筆이다. 이것은 편지이든 원고든 자필로 된 것들을 말한다. 수필隨筆과는 그 뜻이 전혀 다르다. 언어의 유희랄까. 누군가가 연암을 몹시 존경하여 그가 손으로 쓴 수필을 모으려 애를 쓴 모양이다. 연암의 수필을 모아 무엇을 구하고자 하였을까. 단순한 수집광이거나 돈이 있어 재력을 과시하러 모은 것이 아니라, 우리나라 문학사상 최고 문장가이자 사상가인 그가 쓴 문장 때문이거나 생각의 힘과 절제된 언어, 생명력 넘치는 비유, 세상에 대한 냉철한 시선을 흠모해서였으면 좋겠다. 〈매미 소리가 책 읽는 소리〉에서 "매미가 시끄럽게 울고, 땅속에서 지렁이가 소리 내는 것이 시를 읊고 책을 읽는 소리가 아니라고 어찌 장담하겠는가?"처럼 자연과 인간을 동등하게 여기는 연암이 멋져서라면 수필手筆을 모으는 그 마음이 귀할 것이다.

"이건 콩고물이지!"

나의 스승 중문학자 허세욱 교수님이 웃으시며 말씀하셨다. 수필잡지의 발행인으로 계실 때인데, 가끔 손으로 쓴 원고가 들어오면 스크랩북에 끼우며 좋아하셨다. 손으로 쓴 수필에 저리도 행복해하시다니. 수필의 콩고물. 나도 내 손에까지 묻은 콩고물을 만져보고 비벼보았다.

글씨체 안에 작가가 고스란히 들어있다. 그들은 손수 쓴 글씨 안에 자기의 존재를 숨겨두었지만, 나는 그 안에서 순수한 모습을 찾아낸다. 외모와 다른 글씨체도 많았다. 생각보다 호방하거나 작고 소심한 필체도 있었고, 정갈하거나 흩어진 모습도 보였다. 어느 정도 모이면 전시회를 하자고 하셨는데, 결국 영원히 숙제로 남았다. 스승에게 그리 특별난 의미였는데, 소박하게라도 잡지에 한 페이지 정도 실을 걸 하는 후회가 된다.

손이 예술이다. 우리가 무언가를 눈으로 보고, 가슴으로 느끼고, 머리로 생각하지만, 결국 글은 손으로 쓴다. 혈관을 통해 들어간 감성이 가슴을 통과해 한바탕 용트림을 한 뒤에 예민한 뇌로 들어가 세밀해지고 끝내 정수리의 정점에 닿는다. 그러고는 밤사이에 다시 거꾸로 똑같은 과정을 거쳐 혈관을 통해, 아침이면 우리들의 손가락 끝에 와 있다. 언어가 두 손에 아침 이슬처럼 매달려 있다. 작가들이 글을 써주기를 기다리며…. 글은 손이 쓴다. 누가 뭐래도 피아노도 손이 치고, 서예도 손이 쓰고, 바이올린도 손이 켠다. 예술은 손에서 나온다.

그런데 나는 이제 손으로 쓰는 글을 잘 못 쓴다. 노트북이 편해서이기도 하지만, 갈수록 악력이 약해지고 필체도 좋지 않아서이다. 문학 플랫폼 클럽에서 책의 내용을 필사할 때가 있는데 난감하다. 남들이 써서 내는 글씨체들은 어찌 그리도 아름다운지, 마치 인쇄라도 한 듯하다. 부럽다. 나는 어떨 때는 제법 쓰는데, 어느 날은 엉망진창이다. 그러니 당최 내놓을 수가 없다. 글씨체만 가지고 사람을 판단하기도 하는데, 남들이 왜 이러느냐고 흉이라도 볼까 봐서 두 손을 뒤로하고 모른 체하고 서 있다.

  글씨가 이랬다저랬다 하는 건 마음이 불안하다는 증거일 수 있고, 항심恒心이 부족하다는 표현이기도 하다. 항심이 부족하다는 걸 누구보다 잘 알고 있는 나로서는 손으로 쓰는 수필이 무섭다. 열등감이 바짝 드러난다. 쨍쨍 내리쬐는 햇빛 속에 펼쳐진 한 마리 생선 같다. 그렇게 슬슬 기고 있는데, 한 편에서 얼굴 두꺼운 '배짱'이란 놈이 불쑥 튀어나온다.

  "걱정하지 마. 내가 구해줄게."
  "어떻게?"
  "넌 수필手筆은 못 써도, 수필隨筆은 쓰잖아."

회억回憶의 숨결

그것밖에 할 게 없었다.

그 한여름 더위도 놀라 도망치는 지하방, 《장자》를 붙들고 앉았다. 중문학이 전공이라고 해도 겨우 대학 1학년이라 아는 게 얇은 종이 한 장만큼도 못 됐지만, 딴엔 뭔 생각이었는지 몰라도 원서를 잡았다. 원문은 상상외로 어렵고 무겁다. 생전 처음 보는 형태의 문자들이 쏟아졌고, 그것들은 내 머리로 단박 들어가지 못하고 책상 위에서 굴러다녔다.

나는 쓴다기보다 그 괴상할 만큼 특이한 상형문자를 그려나갔다. 날이 뜨거웠고 가슴은 더 뜨겁게 달궈졌다. 어려운 글귀를 잡고 멍하니 시간을 흘려보냈다. 난해한 글자보다 더 난해한 내 앞의 삶을 들여다보며 잠시 눈을 감기도 했다. 영혼이 새파랗게 질리지 않도록 다독거리며, 책의 글자들에 눈을 놓았다. 그때 나는 몰랐다. 내 앞에 '35년'이라는 어려운 삶의 숙제가 기다리고 있는 줄. 미리 알았더라면 회피하거나 도망치거나 포기했을지도 모른다. 몰라서 살았다. 살아 나갈 수 있었다. 모르는 게 약이라는 말이 거저 있는 게 아니었다.

예쁘고 고운 나이였다.

밖으로 나가서 햇빛을 받으며 방긋 웃는 모습이 어울리는 그런 나이였지만, 스탠드 하나와 포마이카 책상, 《장자》 한 권이 친구였다. 책 안의 내용을 다 몰라도 좋았다. 문자들이 해독되지 않아도 상관이 없었다. 그저 그 책 한 권이 나를 지탱해 주고 지켜줄 것만 같았고, 그렇게 묵직한 책을 읽고 있는 동안에는 아무것도 나를 건드리지 못할 거라 절로 믿어졌다.

사실 억하심정이나 위악의 마음도 없지 않았다. 나이나 실력에 어울리지도 않는 책을 들고서 눈앞에 벌어지는 삶의 기막힌 행태들을 조롱하고 싶기도 했고, '아름다운 청춘'이라는 말을 지독하거나 고약한 젊음으로 폄훼하고 싶기도 했던 것 같다. 온몸의 신경이 곤두선 채로 걸어 다녔고, 이리저리 찔린 가슴을 무시했다. 이렇게 갈 수는 없는데, 하면서도 마냥 무기력했다. 내 앞의 삶에 대한 저항이라는 말은 그저 헛말일 뿐, 손끝 하나 그 어디에도 저항이 달려 있지 못했다.

머리 정수리마저 뜨거워지던 여름날, 나는 하염없이 읽었다. 아니 그냥 페이지만 넘겼다. 소화되지 않는 문자들을 토해내면서…. 그렇게 대학 1년의 여름방학을 보냈다. 시간은 어김없이 흘러갔고, 나도 나아갔다. 알 수 없는 힘이 몸 안으로 들어오고 있었지만, 아주 오랜 뒤에야 책의 힘을 느낄 수 있었다.
그것밖에 할 게 없어서 《장자》를 읽었던 시절이 있었다.

훔치고 싶었다.
빌려달라고 해도 되었으련만 왠지 그러기가 싫었다. 치사한 생각이 들어서…. 마음을 굽혀 빌리느니 차라리 훔치는 게 정직할 것만 같았다. 가난할 때는 마음이 쉽게 가난을 벗어나지 못한다. '마음이 부자'라는 말에 염증을 내던 나이였다. 그런 건 없다고 피식거리며, 세상의 아름답고 보드라운 말들을 뿌리째 뽑고 있었다. 하늘의 햇살이 그리 고왔는데도 아무 소용이 없었다. 마음을 아무리 덮으려 해도 그 시퍼런 칼날에 천들이 마구 베어져 나가 종내에는 쓸 수 없는 천 조각이 되고 말았다.
한 권의 그림 화집이었다. 비싸서 감히 살 엄두를 못 내는 책을 만지작거리는 심정은 절망적이라기보다는 허망에 가깝다. 그런 책은 특별한 선물이니 욕심내지 말자고 해도 손이 움직였다. 그 자리에서 다 보면 되지 뭘 그렇게…. 머릿속에 집어넣으면 그게 바로 내 것이라는 생각을 하면서도, 내 손끝은 '소유하고 싶다는 욕망'에 부들부들 떨렸다. 저 아름다운 것을 어찌 손에서 놓으랴.
책을 많이 사는 편이다. 도서관에서 빌릴 생각을 못한다. 줄을 치고 읽는 것뿐만 아니라 읽으면서 느낀 걸 적어놓기 때문이다. 한 마디로 지저분하게 본다는 얘기이다. 전시회에 가면 대개는 화집을 사서 나온다. 그냥 돌아 나와지지 않는다. 얼마 전에는 최욱경과 유영국 화가의 화집을 꽤 주고 사 왔다. 실버 세대에 들어섰으니 지출을 생각해야 하지만, 근사한 화집들을 보면 순간 까맣게 잊는다. 삶이야 어디로 흘러가든 나는 저걸 사서 곁에 두고 싶다는 강한 욕망에 사로잡힌다. 사 와도 드문 드문 볼 뿐이지만, 나는 행복하다. 때론 짜릿한 전율마저 느껴진다. 살림살이 못한다고 지청구를 들어도, 절약한답시고 며칠간 된장찌개와 김치만 먹어도 가슴은 붕붕거린다.

드디어, 너를, 내 곁에 두는구나.

나의 책에 대한 소유 욕망은 지독한 병이다. 결핍이 만들어 낸 이 병은 치유될 기미가 보이질 않는다. 그나마 책이 들어온 만큼 나가기도 하지만, 욕망은 어떤 밤 안에서도 잠들지 못한다. 그 무서운 집착.

훔치고 싶었던 내 영혼이, 거꾸로 훔쳐졌다.

매혹이라는 그 은유

언어에서 물감이 흘러내린다. 색채들이 사방에서 스며들고 결국, 몸을 물들인다. 마지막일지도 모른다는 불안과 초조가 손을 꽉 쥐게 하지만 이내 무시당하고 만다. 그게 그럴 일인가, 잡는다고 어찌 될 일인가. 손가락 사이로 빠져나가면서도 뒤돌아보며 싱긋 웃어주는 너는 누구인가. 원 도무지 정체를 알 수 없는, 미노타우로스의 미궁에서조차 아리아드네의 실을 한 오라기도 잡을 생각이 없는, 어느 날 저녁의 어스름한 붉은 빛 안에서 나를 바라보며 손짓하는, 몸 안의 깊은 곳까지 들어가 지나간 시간의 기억을 길어 올리는 너는, 매혹.

세상에서 둘도 없이 매력적인 낱말이라고 말하고 싶은 충동을 억지로 참는다. 겸허하게 보이고 싶어서. 아니 말이 땅에 닿기도 전에 그 빛이 맥없이 사라질까 봐서. 그 이름에는 '죽음'이라는 한 줄기 베일이 가려져 있다. 영어에서 매혹적인 미소란 누군가를 죽일 것처럼 강렬한 그런 미소이다. 여러 표현이 있지만 사전적 의미로는 그 느낌들이 비교적 단순하게 나타난다. 이탈리아어에서는 유혹한다는 'Affascinare'라는 동사에서 출발하는데, 그 언어 안에 마음을 사로잡는, 묶거나 잡아매거나, 훅하고 채가는 등의 이런 다양하고 복잡한 감정들이 갈래져 들어있다. 물론 사전 안에서이지만, 그들은 좀 더 복잡하고 미묘한 쪽에 시선을 더 둔다는 게 살며시 느껴진다. 딱딱한 사전 안일지라도….

이 말은 그래야 한다. 내 생각에는.

나이가 쌓여갈수록 무언가에 매혹당할 일이 줄어져 간다. 반비례 아니 비례라고 해야 할까. 보는 시각에 따라 두 말이 다 맞게 들린다. 이제 삶은 그 기간이 점점 한정되어 가고, 우리의 모든 행동과 생각들도 한정판이 되어간다. 명품에서 한정판(limited edition)은 애호가들이 목을 매는 물건이지만, 나이를 먹어가면서 드는 시간의 한정판이란 건 조금 서글플 뿐이다.

이제 두 번 다시 가기 어려울 것만 같은 긴 여행, 언제 또다시 보게 될까 하는 안타까움, 지금 이걸 해도 될까 하는 두려움, 사라지기 전에 하나라도 붙잡아야 하지 않을까 하는 초조함, 내 일생에서 진짜로 하고 싶었던 게 뭘까 하는 궁극적인 물음, 남은 삶의 시간은 이제와는 달라야 할 것 같은 압박감, 젊음을 두 손안에 다시 올려놓고 싶다는 강렬한 욕망이 슬며시

끼어든다. 그러다가 만사가 귀찮아져 모래성을 허물고 마는 밤이 수두룩해져 간다.

얼마 전 문단 선배에게서 점심 초대를 받았다. 그런데 그 이유가 어째 이게 당신의 마지막 같아서 밥 한 끼 사주고 싶다는 것이었다. 우리는 이구동성으로 황당하다, 아직은 말도 안 된다고 모두 한마디씩 던졌다. 그런데 집으로 가는 길에 이런 생각이 들었다.

'글 쓰는 동네에서 존경받는 분이고 곁에 좋아하는 분들이 많으니, 아마도 그 사람들에게 다 밥을 사려면 오래 걸리겠지. 게다가 맛난 음식을 사랑하는 사람들과 함께 먹게 되니 절로 행복해져서 건강이 좋아지실 게 분명해. 오늘 잘 다녀왔군.'

매혹적 순간은 이런 곳에서도 자라난다. 관념적인 생각 속이 아니라 현실에서 생생하게 펼쳐지는 사람의 냄새 속에서도 아름답게 피어난다. 그런 짧은 순간들로 나는 삶을 잠시 붙들 수 있다. 전철 안의 손잡이처럼…. 이리저리 흔들려도 놓치지만 않으면 절대 넘어지지는 않는다. 더러 흔들릴지언정.

유혹이라는 말에서 출발하여 그 언어 안에 마음을 사로잡고, 묶거나 잡아매거나, 혹하며 채가는 복잡한 감정들이 뒤섞여 창조된 매혹, 그 정체를 알 수 없어 더 신비로운 존재! 그저 눈 한 번 질끈 감고 무조건 내게 오렴. 삶이란 게 애초에 그렇게 매혹적이지 않다든가 애초에 그런 건 없다며 슬픈 미소를 짓지 말고, 제발.

그리고 며칠 뒤, 그에게 말했다.
"이제 버틸 수 있겠어. 엊저녁에 말이야….."
나는 조곤조곤 설명해 주었다. 잠이 안 와 새벽 2시에 읽기 시작한 롤랑 바르트의 《소소한 사건들(Incidents)》에 대해서. 책을 읽는 동안 작가에게 감정이 철썩 달라붙어 그의 사랑에 가슴이 아팠던 거나 나이 드는 쓸쓸함을 함께 느낀 일을, 문장의 색채에서 건져 올린 황홀감을, 책을 읽는 순간의 더할 수 없는 전율들을.
다시 말을 건넸다.
"이거면 될 것 같아. 무언가에 매혹되려고 애쓰지 않아도 되겠어."

저편에서, 매혹이 나를 쳐다보고 싱긋 웃으며 손을 펴 보여 주었다.
'결국, 나를 만났구나.'

한없이 슬픔에 가까운 비밀

서로의 마음을 몰래 부르는 언어가 있다. 마음이 손에 쥔 그 끝에서 나오고, 한 번만 쥐었다 펴도 서로의 진심을 단숨에 알아챈다. 심중의 비밀을 매우 비밀스럽게 전하는 길이 그 안에 숨겨져 있다. 언어인데 말이 필요 없으며, 무언의 대화로 서로 화답을 한다. 아무런 소리도 없이 춤을 추듯 손을 움직여 표현하며, 각양각색의 모양으로 아름답게 디자인된 이 특이한 존재는 바로 '부채 언어(The Language of the Fan)'이다.

부채가 언어가 되다니 참으로 별일도 다 있다고 생각했다. 사실 나는 이런 말을 처음 들었는데, 세간에서는 제법 알려진 이야기였다. 18세기 유럽에서 부채를 이용한 이런 암호화된 비밀 언어가 있었다고 전해지는데, 특히 쥘 부채가 많이 쓰인 모양이다. 남자보다는 여인들의 속내에 숨겨진 욕망과 열정이 부채에 담겨 세상 밖으로 나온 것처럼 보인다.

만약 여인이 은밀하게 입술에 부채를 갖다 대면 "저는 당신을 믿지 않습니다."라는 뜻이거나, 왼손으로 자신을 부채질하면 "그 여자와 바람 피지 마세요."라는 표현이 된다는 것이다. 부채질을 빠르고 느리게 하는 속도에 따라 당신을 사랑한다든가, 관심이 없다는 뜻을 전한다. 사람들이 많은 무도회장이나 파티에서 그들은 부채로 마음을 맞추거나 실연의 눈물을 남몰래 흘려야 한다. 부채 하나에 사랑의 운명이 정해진다.

이런 부채 언어의 현장을 고스란히 그린 그림이 있다. 프랑스 출신 화가인 제임스 티소(James Tissot 1836~1902)라는 화가인데 부채의 여성적인 속성에 매혹되었는지 많이 그렸으며, 그의 그림 속 여인들이 대개 손에 들고 있는 것을 볼 수 있다. 그가 39세에 만난 운명의 여인 캐슬린, 이혼녀에다 아버지가 누구인지 모르는 애가 둘이나 딸린 그녀와의 사랑으로 일생을 삶의 무대에서 외면당하고 추방당해야 했지만, 티소는 죽을 때까지 그의 '인생의 사랑'을 버리지 않는다. 그 두 사람의 언어가 무엇이었기에 그토록 절절했을까. 그들이 가졌던 부채는 몇 개나 되었을까. 어떤 모양의 부채였기에 그들만의 비밀의 언어가 가슴을 미치도록 파고들었던 걸까. 죽음마저 넘어서는 언어라니. 두 사람의 밀어密語를 쓰고 싶은 욕망이 든다.

생각해 보니 부채로 자신을 표현한다는 말은 겉으로는 아름답지만 속을 들여다보면 딱히 그렇지도 않은 것 같다. 그 시대의 여성으로 살면서 오죽 길이 없었으면 부채까지 동원해 자신을 표현하고 싶었을까. 자기의 감정을 고스란히 드러내면 부족하거나 넘치는 여자로 오해받거나 그렇게 인식되었을 것이다. 직접 자신을 표현하면 안 되는 사회적 분위기 때문에 여성들은 그런 비밀 언어에 매달린 건 아닐는지.

비밀이란 자유롭지 못하다는 언어의 반향反響을 갖고 있다. 자유로운 공간에서는 비밀이 있어야 할 필요가 없다. 실컷 자기의 감정을 토로하고 사방으로 마음과 생각과 표현을 건넬 수 있다. 아니 그럴 수 있어야만 자유롭다고 할 수 있을 것이다. 하나 어쩌면 그건 우리의 관념 속에서만 존재하는 공간일지 모른다. 그런 자유의 냄새가 흠뻑 풍기는 공간이란 결코, 쉽지 않다. 그래서 사람 사이에 비밀이라는 선線이 이어지고 생기는 것일 게다.

그러나 비밀은 무겁지 않아야 한다. 부채처럼 살살 부치듯 가벼워야 유머가 느껴지고 낭만이 스며들 수 있다. 쿤데라의 《참을 수 없는 존재의 가벼움》이 느껴질 정도의 가벼움이라야 즐겁다. 깊거나 무거워질 때 그것은 삶의 짙은 어둠으로 변신한다. 어두움에 갇힌 두 눈은 자칫 우리의 삶을 움켜줄지도 모른다. 아니 우리의 심장을 송두리째 흔들어 상처를 깊게 새길지도 모르기에 비밀의 무게를 줄이는 마음이 있어야 할 것 같다. 비밀을 지키느라 심장이 눌리어지는 순간, 그토록 힘든 일이 될 터이니.

저기, 슬픔이 타박타박 따라와 비밀의 문 앞에서 기다리는 장면은 〈러브 스토리〉의 한 장면으로 족하다. 아름다웠지만 죽도록 슬픈.

부채를 심장 쪽에 놔둔다. 뜻이 따라간다.
"당신에 대한 내 사랑은 고통스러워요."

심장은 언제나 고통의 중심인가보다. 부채의 바람이 비밀을 싣고 간다면, 오늘 그대는 무슨 언어를 받고 싶은가.

길모퉁이 서점에 가면

서점에 가본 지가 오래다. 이제 작은 동네에서 서점을 찾기란 쉽지 않다. 자꾸만 사라진다. 문을 닫는 가게 주인들의 허전하고 덧없는 마음도 함께 사라져버리고, '길모퉁이 서점'이란 조붓하고 아름다운 가게 이름도 그저 추억에 갇히고 만다. 비록 작고 볼품없어도 자기네 동네 서점은 마치 고향의 집을 찾은 듯 편한 그런 곳인데…. 서글픈 시대의 아픔이다.
　이런 길모퉁이 서점들을 중국 청도 여행 중에 만났다. 여행의 주제를 '서점과 갤러리 탐방'으로 잡고 4명이 떠난 길이다. 서점은 역시 작가들의 고향 같은 곳이라 어딜 가나 그 공간에서 풍겨 나오는 냄새가 편하고 좋았다. 숨이 제대로 쉬어지는 기분이었다. 무엇보다 《낙타 상자》의 작가 노사老舍 기념관 옆 작은 서점은 머리에서 지워지지 않는다. 눈이나 꽃비가 그 지붕으로 난분분히 내릴 것 같은 이미지가 아른거리고, 서점을 지키는 두 중년 아주머니들의 소소한 수다가 지금도 들리는 듯하다. 여행 내내 '이건 뭐지? 이토록 격조와 품위가 있는 멋진 서점이라니. 지금까지 알았던 중국과 너무 다르네. 조용해' 하는 생각이 들었다. 차를 마시면서 혼자서나 두세 명이 책을 읽는 분위기는 중국 스타일의 인테리어로 서점의 공기를 더 서점답게 만들었다. 청도의 길모퉁이에서 길모퉁이 서점을 만나고 돌아와 나는, 오랜만에 서점에 갔다.

서점에 가면, 이것저것 뒤져보다가 생각지도 못한 책을 발견하는 기쁨이 있다. 그런 책 중의 하나가 《세상에서 가장 아름다운 서점》이다. 그걸 들추어 보는 순간, 동공이 커지고 가슴이 둥둥거렸던 기억이 난다. 책과 서점은 언제나 마음을 흔드는 막강한 존재이다. 저 책 다 어쩔 거야, 하는 얘기를 들어도 자꾸 산다. 작가에겐 책이 밥이고 공기라는 걸 그들도 알고 나도 안다. 다만 방이 작을 뿐이다.

'책의 극장'으로 다시 태어난 서점 '엘 아테네오 그랜드 스플렌디드(El Ateneo Grand Splendid)'. 몇 번이나 다시 보아도 꿈의 세상이다. 1903년에 극장으로 지은 작은 건물이었으나 객석을 떼어내고 서가로 대체하여 갤러리 전체를 35만 권의 책으로 채운 곳. '장대하고 화려한 극장'이라는 이름의 이 서점은 아름다움을 넘어선 아름다움을 공간 전체에 담고 있다. 예술 공연을 보던 자리에 책이 근사하게 진열되어 있고, 빈티지 오페라 박스에 앉아 오페라 글라스 대신 책을 들여다본다. 이런 멋진 서점을 가지고 있는 땅이 바로 아르헨티나 부에노스아이레스이다. '좋은 공기'라는데, 이렇게 정신을 정화하는 곳이 있으니 공기가 절로 좋아지는 걸까.

시내에서 가장 금싸라기 땅에는 어디나 서점이 있고, 어디에서나 책을 읽는 시민들이 있다는 그 나라. 놀랍게도 서점에서 잘 보이는 데 놓인 책 대부분이 문학서라는 사실에 나는 더 놀란다. 아, 저 동네에는 보르헤스가 있는데…. 한때 라틴문학을 공부하면서 '환상적 사실주의'에 매료되어 그의 소설들을 마구 읽었던 기억이 떠오른다. 번역의 간격 때문인지는 몰라도 조금 간결하고 건조하게 느껴졌던 문체들. 책을 읽으면서 에스파냐어인데 왜 그럴까 하는 생각도 들고. 때론 황당한 스토리 구성에 웃음도 나왔다.

아르헨티나 국립도서관장으로 18년 동안 일했지만 실명으로 정작 책을 읽을 수 없는 상황이 되었을 때, '80만 권의 책과 어둠을 동시에 주신 신의 절묘한 아이러니'라고 표현했던 보르헤스. "나는 부에노스아이레스를 너무나 좋아하기에, 다른 사람들이 이 도시를 좋아하는 것을 원치 않는다. 이것은 질투심과 같은 사랑이다. 부에노스아이레스에는 무언가가 있다."라고 말한 작가. 아니 도시를 두고 질투심과 같은 사랑이라니. 나는 내 땅을 그리 사랑한 적이 있는가. 아무리 뒤돌아 만지작거려도 마음의 흔적이 희미하다. 사실은 어디가 나의 진정한 도시인지 모르겠다. 이사를 해서일 수도 있겠지만, 그만큼의 애정을 쏟아부은 일이 당최 없다. 혹 애정을 들이부을 만큼 마음에 와닿는 일이 없었던 건 아닐까. 보르헤스적 시각에서 본다면 불행한 일이다. 하나 그런 도시를 애초에 가져보지 못해서 불행인 줄 모르니 어쩌랴. 동네 서점이 없는 곳에 산다는 건 상상할 수 없는 슬픈 일이라고, 보르헤스가 말할 것만 같다.

피아졸라의 〈망각(Oblivion)〉을 튼다. '리베르 탱코'가 심장을 흔드는 북소리라면, 이 곡은 심장의 저 여린 속살을 건드리는 슬픔의 강이다. 저 강을 건너면 모든 걸 다 잊게 되려나. 에이, 그리 쉽게 잊히어질 리야.

서점이 없는 동네는 영혼이 없는 동네라는데, 지금 이 우선 멈춤의 순간들이 지나면 나는 찾아 나설 것이다. 우리 동네 길모퉁이 서점을. 그곳에서 혼자 책을 보다가 멀리서 걸어오는 친구에게 손을 흔드는 정겨운 장면도 연출을 해보고, 좋은 책 한 권을 뒷손에서 내어 선물로 주고 싶다. 내 인생의 어느 지점에선가 이렇게 만나 행복을 나누는 기쁨을 실컷 누려보리라. 그리고는 길모퉁이 서점에서 도깨비처럼 빨간 문을 열거나 해리포터처럼 지하철의 비밀 문을 통과해 부에노스아이레스에 닿으리라.

환상의 문을 통과하면, 환상의 세계가 우리를 기다릴 것이니.

바람이 걸어오다

 바람이 그림을 뚫고 뛰쳐나온다.
 변시지의 바람이 불어온다. 거센 바람으로 휘 구부러진 나무에 기댄 외로움, 그리움, 기다림이 뭍을 향하지만, 끝내 닿지 못할 듯 애절하다. 참다못한 제주의 바람이 드디어 땅에 닿고, 태평양을 넘어 저 먼 우주로까지 바라보라고 부추긴다. 세상은 제주가 다가 아니라고, 제주 그 너머의 세상도 기다리고 있다고, 잠시 잊어도 괜찮고, 두 손에서 내려놓아도 변하는 건 없다고.
 그리 말해 봐도 가슴에 박힌 고통은 놓아지지 않는다. 사람의 등이 굽고, 나무가 굽고, 초가집과 말마저 등줄기가 줄어들지언정 떠나지 않는다. 제주를 버리지 못한다. 그토록 그리운 것들이 저 바다 건너 땅에 있을지언정 그저 그리움만 가슴에 품고 살자고 작정한다. 세상의 어떤 사랑도 제주를 넘지 못하고 돌아서야 하며, 그 땅을 그리는 일이 목숨을 넘어선다.

드디어 제주의 바다가 들이닥친다.

바다 밑바닥까지 뒤집어엎을 태세이더니 이내 물길을 잡아 가라앉힌다. 녹청색의 그 바다 물빛이 마음을 달래준다. 살살 달랜다. 제주에 사는 사람들의 가슴속에 숭숭 난 구멍을 메워준다. 얼마 전 다녀온 오키나와가 가슴 밑바닥에서부터 치밀어 올라온다. 그곳에서 발아된 내 안의 감정들이 스멀스멀 나를 건드린다. 같은 섬이고, 깊은 상처를 입은 땅이다. 고립된 섬에서 사람들의 삶이, 마음이 위리안치라도 당한 듯 굳게 닫혀 있다.

4·3 공원의 조각상을 어루만지며 진혼곡을 속으로 부르며 달래었다. 나는 모차르트의 〈라크리모사〉 슬픔의 날을 떠올리며, "저들을 가엽게 여기소서. 그들을 용서하소서. 그들에게 안식을 주소서."라고 기도했다. 남은 자들이 할 수 있는 게 아무것도 없어서 그저 조각상만 어루만졌다.

> "정말 황량하고 고독한 그런 곳을요.
> 그러다가 황량한 내 마음을 찾아내어
> 둥지를 틀었지요. 그 빈 가슴속에…."
> —괴테의 《서·동 시집》 중 〈사랑의 서〉에서

저 한 구절에 의지해 떠난 여행이다. 3개월 동안 책을 쓰면서 많은 이야기와 사람들을 책 속에서 만났다. 출판사에 원고를 넘길 때쯤에는 이야기들이 목까지 차올라 구토에 시달렸고, 세상에서는 자꾸 헛발만 내디뎠다. 밥을 제대로 먹지 못해, 몸은 책 속의 세계에서만 살아 움직이는 좀비 같았다. 도망가야 했다. 어디로든….

 황량해지고 싶다. 황량한 땅으로 가자. 황량한 내 마음을 데리고 잠시라도 피하자. 생각한 대로 황량하고, 건조하고, 느리고, 탄성을 지를 경치가 없어서 그저 멍하니 있으면 되는, 마음마저 황량해져서 편하고 좋은 그런 땅. 나는 오키나와섬을 골랐다.

 "오키나와가 일본에 속한 것이 아니라, 일본이 오키나와에 속한 것이다."라고 말한 오에 겐자부로. 그가 쓴《오키나와 노트》를 읽고 와서인지, 도시가 무겁고 깊게 다가온다. 아무도 본토의 오키나와에 대한 시선과 외침, 울분을 표현하지 않을 때 용감하게 쓴 작가이다. 존경스럽다. 작가란 꼭 봐야 할 것을 지나쳐도 안 되지만, 써야 할 것도 꼭 써야 한다. 그게 바로 작가의 눈이고, 용기이며, 힘이다.

 이 도시는 무엇보다 사람들이 매우 조용하고, 자존심이 큰 것 같다. 의욕이 넘치는 분위기는 아니다. 수줍음과 미숙한 느낌마저 든다. 미군과 본토에서의 차별과 억압, 소외감은 그들을 큰 소리로 말하게 하지 않았다. 그들은 눈치를 살피고 목소리를 낮추는 법을 먼저 배운 듯하다. 어딘가 움츠러들었다. 따스한 곳이라는 것과 달리 바다에서 불어오는 바람이 제법 세서 그랬을까.

눈만 돌리면 바다가, 또 돌아보면 자위대와 미군기지, 부속품인 빌리지들이 눈에 들어온다. 알고 갔어도 등줄기와 머리끝이 서늘하다. 우에마 요코의 《바다를 주다》를 읽으며 나는 떨리는 가슴을 내려놓지 못했다. 절실한 이야기를 해야 하는데, 지나치게 절실한 나머지 입 밖에 내지 못하는 사람들의 마음이 바다 한가운데에서 출렁댔다.

두 개의 섬에 내 섬을 얹혔다.
섬은 고립된 것 같지만, 그 반대로 사방이 틔어 있는 형체이다. 어디로든 갈 수 있다. 하지만 마음이 붙드니 어디로든 가지 않고 떠나지 못한다. 제주의 바다가 오키나와에 닿고, 절실한 마음에 대한 절실함이 서로 이어져 있다. 섬과 섬이 서로를 이해하고 위로한다.
두 섬을 바라보며 나는 조금 착잡해진다. 나의 섬은 어쩌랴. 그 안에 부는 광풍을, 거세고 거친 바람을, 소리 내지 못하는 무음의 바람을 어느 주머니에 담아야 할까. 아니 어디로 날려 보내야 할는지….
그때 바람이 불지 않고, 걸어왔다.

너를 잃어버릴까 봐

며칠째 마음으로만 쓰고 있다. 나는 속으로 말한다.
'괜찮아. 그렇게라도 쓸 수 있으면, 마음으로라도 써지기만 하면 그만이야. 보이지 않아도 말이야.'
마음으로 쓰는 글은 밖으로 나가지 못하고 마음의 방안에 갇혀 지내야 하지만, 그 속에서도 꽃은 피어난다. 저희끼리 달콤한 눈을 맞추면서…. 기다려 보자. 손가락에 글이 얹힐지, 글이 잠시 쉬러 갈지는 두고 봐야지. 그래도 너무 먼 데까지 가지는 마라. 등불이 못 비출지도 모르고, 길을 잃어버릴 수도 있으니. 가끔 놓쳐도 아무 별일이 없고, 살다 보면 그럴 때도 있다고 말해주고 싶지만, 결국은 살아서 꼭 돌아오라고 말하고 만다. 내 곁으로, 내 손끝으로. 나의 지독한 이기심은 너를 절대 놓지 못한다.

불투명 수채화처럼 마음이 울퉁불퉁했다.

글도 그런 모양으로 따라다녔다. 내 마음인데도 당최 들여다보이질 않았다. 내 생각이나 느낌보다는 사회에서 이름이 있거나 알아주는 사람들의 책이나 말에서 나오는 것을 더 믿었다. 몸 전체에 어디 단 한 구석이라도 나만의 순수한 사유의 생명체가 존재했던가. 내가 느끼고 생각하는 것임에도 남의 인정을 갈구했다. 홀로 저 들판에 서서 외칠 힘이나 용기가 없어서, 늘 타인들을 높이 쳐다보았다. 글마저 돌아선 느낌이 들었다. 내 눈에서 사라지려는 글을 겨우 붙잡았지만, 그 마음까지 붙잡진 못했다.

투명 수채화처럼 투명해지는 날이 올까.

투박하고 모자라거나 못날지언정 나 자신의 창으로 세상을 들여다보자고 마음을 먹는다. 세상을 향해 온몸과 정신을 다 드러내 보이는 걸 두려워하지 말고, 세상의 바람을 고스란히 맞아보자. 푸른 들판 위에서 나만의 눈을 갖고, 남의 물결이 스며들어 섞이지 않은 '나만의 강물'을 쓰고 싶다.

어느 날 아침부터, 모든 게 가볍다. 오래되어 편한 옷 하나만 걸친 간편한 느낌이 나를 자유롭고 당당하게 쓰게 한다. 내 안의 거친 알갱이들을 그대로 드러낼 수 있는 힘을 갖는다. 글에도 힘이 얹힌다. 이상하게도 다 드러내기 시작하니 행복하고 편하다. 나의 땅에서 나온 곡식으로 밥과 반찬을 해 먹은 기분이 들고, 단순하고 소박한 게 기분이 좋아진다. 최고의 밥상을 차려낼 의무가 없다. 너무 소박한 거 아냐, 라고 말해도 상관없다. 그게 바로 내 솜씨이고, 나만이 내는 손맛이다. 손맛이 있으니 무슨 재료라도 상관없다. 나의 재료로 아무거나 만들어보니 재미가 절로 난다. 타인에게 빌리러 다니지 않는 삶이 이토록 자유로울 줄이야.

너를 잃어버릴까 봐.
타인들의 생각만 쳐다보다가, 하마터면 너를 잃어버릴 뻔하였다.
너는 이미 내 안에 들어와 있는데, 굳이 외면하고 허황된 마음으로 밖의 세상만 쳐다보았다. 목이 아팠다. 키가 닿지 않는 세상을 내다보느라 곧추세운 두 발은 발레리나의 발처럼 험해지기 시작했다. 하지만 작품의 완성을 향한 보이지 않는 피나는 연습으로 생긴 발이 아니라, 인정받고 싶어 밖을 내다보느라 생긴 추하고 부끄러운 흔적이다. 한동안 이리저리 싸돌아다니느라 상처가 난 것도 몰랐다. 정신을 놓치면 모든 게 순식간에 빈손이 된다. 빈손 안에는 바람만이 아프게 지나가고, 그 아픔의 정체는 오랜 뒤에야 겨우 눈치챌 것이다.
내 영혼의 울림의 결정체인 너를 바라본다. 울림의 파동은 네 안에서 휘몰아치고 요동치며 격정적으로 움직이기도 하지만, 잔잔한 파도처럼 바다로 순하게 나아가기도 한다. 네 안에 사는 동안 나는 그토록 행복하며, 영예스럽게도 작가라는 이름을 목에 건다. 하나 너에게로 가는 길을 종종 놓친다. 실은 아직도 네가 어디에서 오는지 잘 모른다. 다만 너를 맞이하기 전에 목욕재계하고, 마음을 가라앉히고 기다릴 뿐이다. 그곳은 순수한 영혼들이 기거하는 곳이라 맑은 마음이 준비되어야만 만날 수 있으니….

너를 잃어버릴까 봐 어제도 밤을 새웠다.
아직은, 내 등에 바싹 붙어 있으렴.
너, 글.

막연한 불안

　우리나라에 제주 같은 섬이 두 개, 아니 하나라도 더 있으면 얼마나 좋을까 하는 생각을 늘 한다. 자원이 부족한 나라이니, 제주처럼 아름다운 섬이라도 몇 개 더 있으면 어깨가 펴질 것만 같다. 경제적으로나 정신적으로나…. 잠시지만 삶을 쉬어갈 수 있는 섬이 있다는 것은 가슴속에 행복을 담을 수 있는 바구니를 가진 것과 같다.
　제주로 가는 길은 언제나 비행기를 이용한다. 배도 있지만 나는 결코 그것을 선택하지 않는다. 뱃길에 대한 두려움도 있지만, 공항에서 나왔을 때 갑자기 무대가 바뀌는 장면전환이 환상적이라서 더욱 그렇다. 서울과 완연히 다른 느낌이 드는 제주의 첫 풍경은 '와우!'로부터 시작한다. 한 시간 만에 '섬'에 도착한다는 것은, 그런 섬이 우리나라 안에 있다는 것은 그야말로 멋지지 않은가. 게다가 전혀 다른 분위기의 야자수가 있는 거리는 제주를 그리워하게 하는, 유혹의 출발점이다. 올레길이니 멋진 카페니 볼 것이 천지인 제주도이지만, 내게는 언제나 첫 장면의 첫 발걸음이 제일이다.

나는 섬에 대한 트라우마가 있다. 몇 년 전 남프랑스 여행 중 마르세유 항구에서 이프If 섬으로 가는 배를 탈 때였다. 원래는 알렉산드르 뒤마가 쓴 《몬테크리스토 백작》의 배경인 이프 섬으로 가서, 소설의 주인공인 에드몽 당테스가 살았던 성 안을 둘러보며 억울한 누명을 쓰고 14년을 갇혀 살아야 했던 그의 고통의 삶을 만져볼 예정이었다. 하지만 전날 밤 폭풍이 와서 출발하기 1시간 전에야 배가 뜰 수 있었고, 이프 섬 앞에 배를 댈 수가 없어 '바람의 섬'으로 불리는 근처의 작은 섬으로 방향을 바꿨다.

나는 아무런 생각 없이 배를 탔다. 바닷속에 소용돌이가 숨어 있다는 것을 전혀 눈치채지 못했다. 만약 알았더라면 절대로 배를 타지 않았을 것이다. 바다 중간쯤 갔을 때 배가 요동치기 시작했다. 항구 가까이에서 그렇게 잔잔해 보이던 바다는 광기 어린 조롱의 물길을 감추고 있었고, 순식간에 공포에 휩싸였다. 선배가 "죽지 않아. 걱정 말아."하며 달래주었지만, 사실 죽는 게 두려운 건 아니었다. 몸이 딱딱하게 경직되고 숨을 쉬기가 힘들 정도로 등줄기에서는 땀이 마구 흘렀다. 평소 담대하고 씩씩해 보였기에 나의 그런 모습을 주위 사람들은 이해

할 수 없었다. 맥없는 존재, 재미있을 법한 파도 놀이에 온몸이 두려움으로 찢기었다. 공황장애와 공포증을 앓고 있는 사람들의 상황은 오로지 그들만의 몫이다. 남에겐 쉬운 한 걸음이지만 그들에겐 태산 같은 한 발자국이다.

그 뒤로 섬에 갈 때는 마음의 기운을 모아야 했다. 섬 안에도 전혀 섬처럼 보이지 않는 산도 있고 들판도 있고 건물들도 있지만, 나에게 섬은 오로지 섬이다. 장 그르니에의 《섬》이 아무리 아름다워도 그곳은 갇힌 땅이며, 잠시 후에 떠나야 할 곳이며, 시도 때도 없이 육지를 향해 탈출하고자 하는 욕망에 시달리게 하는 대상이다. 특히 안개가 짙게 낄 때의 섬은 영원히 뭍으로 나아가지 못할 것만 같은 '불안한 기운'에 휩싸이게 한다. 아쿠타가와 류노스케가 밝힌 자살 이유가 '막연한 불안'이라고 했던가. 그 막연함이 내내 불안하다. 아니 이런 모든 환상과 집착도 단지 오랜 세월을 육지에서만 살아온 삶의 습성일 뿐이라는 것을 알지만, 그 습習의 더께를 걷어내기란 쉽지 않다.

7년 전, 나오시마 여행을 마치고 한국으로 돌아오는 날 아침. 다카마쓰 공항에 비가 내리고 안개가 심해 비행기가 못 떠 내일이나 출발할 수 있다는 전언이 왔다. 며칠 뒤에 제주도에 가야 하는데…. 스케줄이 엉키면 안 되는데 하는 생각에 마음이 불안해지기 시작했다. 섬에서 섬으로 가는 여행이 이어져 있다. 섬이 내 마음을 당기고, 마음이 절로 당겨진다. 몇 번을 갔지만, 제주는 매번 다른 모습을 보여주었다. 이번엔 제주의 가슴에서 무엇을 꺼내줄지 설레는 참이었는데.

다행히 반대편 지역에 있는 마쓰야마[松山] 공항에서는 서울행 비행기가 출발한다는 말에 그곳으로 향했다. 단지 두 시간 정도의 거리일 뿐이다. 비는 부슬거리며 계속 내렸다. 안개가 온 도로에 퍼졌고, 내 마음엔 옅은 불안이 다시 스며들기 시작했다.

그런 마음을 들키기 싫어 차창 밖을 내다보았다. 여전히 거리엔 사람들이 없다. 아무리 지방 도시라고는 해도 이 시코쿠에선 참으로 사람 보기가 어렵다. 도대체 이 도시의 사람들은 다 어디에 있는 걸까. 그런데 그때 걸어가는 두 사람이 눈에 들어온다. 두 사람이 하얀 옷을 입고, 머리엔 누런 삿갓 모자 같은 것을 쓰고, 손에는 지팡이를 짚었다. 이 비가 내리는데 어딜 저리 가는 걸까. 도통 서두르지도 않는 걸음이다. 그제야 생각이 났다. 아, 저게 바로 시코쿠 순례라는 거로구나.

카미노들이 산티아고의 길을 걷듯이 오 헨로 상이라 불리는 수행자들이 시코쿠 섬의 해안을 따라 88개의 절을 순서대로 돌아보는 1,200킬로의 장거리 순례길. 인간에게 존재하는 88개의 번뇌가 사라져 심신이 맑고 깨끗해진다며 처음엔 승려들이 종교적 의미로 돌았으나, 이 순례를 마치면 소원이 한 가지씩 이루어진다는 말에 일반 사람들도 많이 온다고 한다. 두 의미가 상반되긴 하지만 자기의 삶을 되돌아보고 마음을 내려놓다 보면 절로 원하는 바를 얻을 수 있으리라. 그곳이 산티아고 길이나 제주의 올레길, 시코쿠의 길이든 무슨 상관이랴. 길은 그저 길이고, 사람들은 길이 있으니 걷고 또 걷는다. 각자의 삶을 달팽이처럼 등에 얹고서…. 나는 오 헨로 상이 입는 하얀 옷이 걷다가 죽었을 때 바로 장례식을 치를 수 있는 수의를 상징한다는 말에, 그토록 삶과 죽음에 대한 절실함을 안고 걸어야 하나 싶어 마음이 서늘해졌다.

그리고 2023년 봄, 다시 제주의 섬을 찾았다.
마음으로 받지 못하고 그저 귀로 흘려보냈던 4·3 사건을 처음 두 손으로 만졌다. 같은 나라에 살면서도, 제 손끝이 아니라 남의 등을 긁듯이 겉으로만 느꼈던 것이 부끄러웠다.
나는 그 전말의 진상을 말할 수는 없다. 하지만 어떤 상황에서도 사람을 그렇게 잔인하게 죽여서 수많은 사람을 제주의 땅에 묻는 일을 해서는 안 되었다는 것을, 그 피를 대를 이어 뼛속까지 독하게 흐르게 하지 말았어야 했다고, 후대에 생명을 제대로 전달하지도 못하고 사라지는 기막힌 슬픔은 애초에 없어야 했으며, 마을 전체가 흩어져 주검으로 돌아오는 일을 역사 속의 사건으로 기록하는 불행한 일은 결코 일어나지 말았어야 했다는 사실이다.
제주의 한 바퀴를 순례해야 할까.
88개의 절을 돌아보는 1,200킬로의 장거리 시코쿠 순례 길처럼…. 올레길이 있지만 그건 애초의 목적이나 의미가 달라서 제외한다. 인간에게 존재하는 88개의 번뇌가 사라져 심신이 맑고 깨끗해진다는데, 이 순례를 마치면 소원이 한 가지씩 이루어진다는데 해보고 싶다. 사람들이 4·3만을 위한 기도의 순례길을 나선다면, 땅이 거칠게 일어서지 않고 부드러워지려나.

서울로 가는 제주공항에서 생각한다. 이런 슬픔을 겪어야 하는 제주가 더 있어야 할까. 갑자기 대답할 자신이 없어진다. 야자수의 거리를 등 뒤에 남기고, 삭막한 땅으로 향하면서, 나는 가슴이 먹먹해져 불안을 덥석 잡고 말았다.

2부

과학의 냄새

내 안의 방랑자
불빛 언어의 신호
꽃들이 보내는 초청장
빅 데이터 앞에서 꾸물거리다
꿈 없는 잠
저벅저벅
아버지와 나
어머니와 나
고요한 집, 거룩한 생

내 안의 방랑자

종종 묻는다. 그대, 아직도 떠나고 싶은가.

저녁이 어스름해지면 가슴이 바질바질 했다. 뭔가 허전하고 등허리가 시리고, 마음이 섬큼 내려앉았다. 어디론가 가야 하는데, 저기 어디선가 나를 오라 부르는데 어쩌나. 내 두 발은 여기에 묶여 있는데…. 마음이 몸 안에서 요동을 쳐댔다. 오라는 이도 가라는 이도 없건만 가야 할 것만 같은 충동이 올라와 당황스러웠다. 자신도 감당 못하는 그 알 수 없는 기운 앞에서 나는 늘 머뭇거렸다. 문 앞에 서서 저 멀리에 시선을 두었지만, 그 어디가 어딘지를 몰라 떠나지 못하는 마음만 부둥켜안았다. 가끔 눈물도 흘렸던가.

사라지는 태양이 한없이 안타까웠다.

나는 그땐 몰랐다. 왜 하필 태양의 빛이 사라지는 게 그리 안타까웠는지. 그 말은 이내 깜깜한 밤이 온다는 신호여서 그랬을까. 어두워지면 떠날 수 없다는 생각. 요즘처럼 발달한 사회에서는 마냥 바보 같은 생각이겠지만, 나는 그랬다.

칼 세이건이 《코스모스》에서 "모든 별은 누군가에게는 태양이다."라고 말한 것이 어두운 밤에 비치는 별이 낮의 태양처럼 될 수도 있다는 얘기인가. 바다의 등대처럼 밤의 별이 우리의 갈 길을 비춰준다는데…. 어두운 밤길에 친구가 되어준다는 희망의 신호인 '별을', 나는, 내 마음은 한 번도 생각하지 못했다. 넘어가는 석양에만 마음이 반응했다. 몸의 주인이 모르니 마음도 따라 몰랐던 것이다. 들어본 적도 생각해 본 적도 없는 영역의 일이라 떠오르는 것도 한계가 있나 보다.

학교 때부터 지금까지 과학 분야엔 젬병이다. 그 동네의 책이나 관련 자료는 가끔이라도 들춰보지 않았다. 그런데 어쩌다 과학 잡지를 손에 들었다. 인문학책이 약간 지루해질 때쯤이라 그랬을까. 선뜻 읽어졌다. '내 틀만 고지식하게 바라보지 마라, 그 틀 안에 갇히지도 말아라.'라고 말하지만 실현하기가 왜 그렇게 어려운지 모르겠다. 말과 글이 현실에 쩍 달라붙지를 않고 다른 공간에서 제멋대로 놀까 봐 늘 두렵다.

책을 넘기다가 태양은 먹이를 만들어내는 에너지의 원천이며, 동물들이 "별을 보고 이주한다고 해서 별나라에 가려는 것은 아니다."라는 구절이 눈에 단박 들어왔다. 먹이라니, 에너지라니…. 새들이 지도나 나침반도 없이 그 먼 거리를 이동해 가는 유랑이 자기 가까운 곳에 질 나쁜 식량만 남아 얻을 게 감소

해서 그런 것이고, 결국 해결책이라곤 다른 곳으로 떠나는 것이라는 이야기에 나는 멍해졌다. 지금까지 새들이 추워서 따뜻한 남쪽 나라로 날아가는 줄 알았는데 그게 아니었다. 그들에게 추운 겨울은 '추워서' 추운 것이 아니라 '배고파서' 추운 것이라는 칼날 같은 현실을 말하고 있는데, 나는 그동안 태양의 나라나 별나라를 꿈꾸는 환상이나 몽상에 빠졌던 걸까. 헛된 허상에 마음을 대고 그토록 가슴을 저려 했던가.

다행이랄까. 이런 구절이 나를 위로했다.

"한 자리에 머물지 못하고 늘 떠나려는 사람이 있다. 모두 그런 것도 아니고 항상 그런 것도 아닌데, 분명 종종 그렇다."

맞아. 바로 나 같은 사람이야. 그런 사람들이 나 말고도 이 세상에 존재하는구나. 반갑다. 이상하고 별난 친구들아.

과학적으로는 선택적 일소一掃와 유전자 흐름에 의한 결과라고도 한다지만, 두 발로 걸어서 어디든지 어디론가 떠나고 싶은 충동적인 감성을 가진 사람들도 이 세상에는 있는 거다. 누구나 그럴 수 있다. 역마살로도 이망증移望症으로도 불리는 그 DNA. 어쩔 수 없는 마음의 타는 갈증, 저 산 너머로 떠나고 싶은 절절한 갈망, 멈출 수 없는 유혹, 터져 나오는 분출, 떠나야 하는 철새를 가지 못하게 막으면 불안에 시달리는 밤의 불면증, 그 막을 수 없는 '나그네 인류'의 발걸음….

'꼭 그래야만 하는가? 그래야만 한다.'

다시 해가 저물어 가는 석양을 바라본다. 생전 가보지 못한 곳으로 무작정 향해지는 마음을 누르며 보냈던 그 시간이 눈앞을 스쳐 지나간다.

내 안의 방랑자여. 언제 또다시 떠나려는가. 세상의 모든 땅으로.

불빛 언어의 신호

불빛 언어가 부른다.
세상에서 수많은 언어를 들어봤지만, 꽤 낯설고 매혹적이다. 이 말은 반딧불의 세계에서만 쓰이는 언어인데, 반딧불이 자기들만의 고유한 언어를 가진 생물체라는 사실에 갑자기 그 존재가 달리 느껴진다. 심지어 고귀하기까지 하다. 불빛의 언어, 불빛 속의 언어, 불빛이 나오는 언어, 불빛 같은 언어….
암컷 반딧불은 꽁무니의 불을 깜박여서 수컷에게 짝짓기 준비가 되었다는 신호를 보낸다. 그런데 반딧불은 종마다 '불빛 언어'가 달라서, 암호를 잘 읽어내야만 한다. 자기 종의 신호를 이미 아는 수컷은 자연스럽게 암컷에게 가지만, 만약 암컷의 마음에 무언가 변화가 생겨 그 '암호'를 바꾸게 되면 일은 난감해진다. 다 받아주는 척하다가, 종내에는 입으로 수컷을 잡아

먹는 그런 일도 생긴다.

델리아 오언스는 《가재가 노래하는 곳》에서 이 장면을 실감 나게 묘사했다.

'점, 점, 줄'

지그재그 댄스로 이렇게 신호를 보내는 암컷이 있는가 하면,

'점, 줄, 줄, 점'

이렇게 춤을 추면서 신호를 보내는 반딧불도 있다고 말한다.

작가는 자연에서 이런 희생은 생명을 힘차게 지속하는 길이라며, 생물학에서 옳고 그름은 '같은 색채를 다른 불빛에 비추어 보는 일'이라고 그녀의 생각을 나타낸다. 나는 선뜻 그 의미가 다가오질 않아 여러 번 소리를 내어 읽어보았다.

같은 색채라는 근본은 하나인데, 각기 다른 이들이 자기들의 불빛으로 비추어 보면서 이게 더 맞느니, 저건 틀리니, 한다는 건가. 아니 그것은 사람 사는 세상의 이야기와 너무 비슷하다. 불빛에 비추면 그저 달리 보일 뿐 애초부터 옳고 그름 따위는 존재하지도 않는다는 게 더 가깝지 않을까. 같은 색채지만 다른 불빛에 비추면 제각각의 다양하고 수많은 색채의 빛들이 퍼져 나와 세상이 무지개처럼 아름다워진다는, 원작에 대한 나만의 틀린 해석을 하고 싶어진다.

그저, 말이 고와서, 아까운 생각이 들었을 뿐이다.

불빛 언어를 따라가면 길을 찾을까.

어려서 양산 외갓집에서 본 이후로 도시에서 쭉 살아온 나는

반딧불의 아름다움을 사실 잘 모른다. 그런 걸 모르고 산다는 것을 불행하다고 할 수는 없지만 분명 아쉬운 삶이라고 생각한다. 유년의 삶이 삭제된 느낌마저 든다. 자연에서 보낸 시간을 아무리 긁어모아도 숟가락 하나에도 다 얹히지 않으니 말이다.

나의 유년은 자연과는 다른 방을 썼다. 도시에서도 아름다운 유년이 있으련만, 그저 거친 기억들만이 저 깊고 오래된 방에 남겨져 있다. 반딧불의 불빛 언어는 내게 잃어버린 유년의 상징이다. 시골 아이들이 서울로 오면 주눅이 든다지만, 나는 시골 아이들에게 열등감을 느꼈다. 그들이 자기네 동네 산으로 들로 신나고 자유롭게 쏘다니며 노는 얘기를 듣거나, 무슨 명절이나 생일 때마다 시골에 내려간다는 평범한 이야기가 가슴에 깊이 박혔다. 무엇보다도 그들에게는 버스를 타고, 기차를 타고 갈 데가 있다. 표를 못 구해서 동동거리는 마음이 있고, 긴 시간을 마다치 않고 운전해서 가는 행복이 기다린다. 더러 귀찮기는 해도 가족을 보는 순간 웃음이 번진다.

생명을 잇기 위해 불빛 언어가 움직인다지만, 반딧불의 존재 의미는 환상의 의미이다. 밤하늘이라는 공간을 최고조의 미학적인 시각으로 구성을 하고 있으며, 은하수의 짝이라도 된 듯이 불빛 언어들을 내뿜어 책 한 권의 이야기들을 펼쳐 놓는다. 반딧불이 반짝이는 자리에 있던 아이들은 자신도 모르게 그 빛이 몸에 새겨진다. 그리고 먼 훗날 돌아와 아름다웠던 그 시절을 그리워하며, 자꾸만 사라지려는 것들을 밤새 쳐다볼지 모른다. 어쩌면 그때 맺어진 전설 같은 이야기들을 들려줄지도.

그 모든 게 불빛 언어의 마술인지 모르고, 숲속으로 난 길을 따라가겠지.
아무도, 모른 채로….

꽃들이 보내는 초청장

꽃을 그다지 좋아하지 않는 편이다. 핸드폰에 꽃 사진이 거의 없다. 사람들이 꽃만 보면 아름답다고 찍어서 올리는데, 나는 별로 흥미를 느끼지 못한다. 앞 문장들에다 '그다지, 거의, 별로'라는 부사를 세 개나 쓴 것을 보니 그렇긴 한 모양이다. 원 유난스럽기도 하지.

사람들은 대개 꽃 선물 받기를 좋아한다. 나도 뭐 굳이 싫지는 않다. 이사 온 뒤, 집들이 때 꽃 선물이 많아 집안에 꽃이 가득하니 괜찮았다. 그런데 골치는 버릴 때이다. 물에 담겼던 부분에서 누린 냄새도 나지만, 그토록 고왔던 꽃들이 맥없이 시들어 버린 모습을 보는 게 나는 영 쉽지 않다. 죽은 것도 아니고 사라져 버린 것도 아닌, 볼품없이 시들어버린 꽃을 내 두 손으로 버려야 하는 게 마음이 불편하다. 그 순간, 버려진다는 건 죽음을 의미하기 때문이다. 삶의 동반자가 죽음이라 슬쩍 바라보긴 하지만, 그 어두운 그림자를 양지바른 삶 안에 들이고 싶지는 않다. 결국, 시든 꽃의 운명은 한쪽은 기어이 버려야 하고, 다른 한쪽은 끝내 버려지는 일이다. 둘 다 서로의 가슴에 죽음과 닮은 상처만 남긴다.

사람의 일이라 다를까. 한용운은 시 〈꽃싸움〉에서 저리 노래했다.

"꽃은 피어서 시들어 가는데, 당신은 옛 맹세를 잊으시고 아니 오십니까."

아니 오시니 영원히 버려지는 건 아닐까 하는 두려움을 한쪽 가슴에 품고, 벽에 기대어 등이 굽도록 기다리는 것이다. 기다리고 기다리다 애타는 가슴은 버석 말라비틀어져 먼지로 사라져버릴지도 모른다. 사랑하는 이에게 버려지는 비참함을 겪느니 차라리 스스로 소멸하고 말리라는 잔인한 마음을 품게 된다. '버려진다'는 말은 세상에서 가장 외로운 말이다. 가슴에 구멍이 뚫려 바람이 숭숭 들어오는 게 아니라, 인생 전체가 구멍이 되어 존재가 사라지는 아픔을 받아들여야 한다. 사랑하는 사람에게든 피를 나눈 가족에게서든, 그 말은 사람으로서 할 말도 들을 말도 아니다.

눈 한번 감으면 될 일을 이처럼 예민한 척하다니…. 어쨌든 이런 이유로 나는 꽃이 부담스럽다는 말을 갖다 댄다.

낮에는 느끼지 못한 향을 밤에만 흠씬 강하게 뿜어내는 꽃이 있다는데, 아무것도 보이지 않는 깜깜한 밤에 피는 꽃들이 나방을 유인하기 위해 보내는 초청장이라고 과학자들은 말한다. 초청장이라는 아름다운 말이 유혹의 끈이라고 하니 말의 뒷그림자가 슬쩍 두렵다.

식물들의 움직임은 매우 느려 우리 눈으로는 알아채기 힘들다. 움직임이 있으니 분명 생존할 것인데도 느끼기가 힘들다. 아니 인간의 바쁘고 빠른 눈으로는 그 '느림의 속도'를 기다릴 수가 없다. 터무니없이 긴 기다림 앞에서 쉽게 포기의 돌멩이를 던지고 만다. 하긴 포기하는 게 오히려 평범한 사람들의 자연스러운 행동일지도 모르겠다. 생물학자들을 빼놓고야 그 누가 그 길고 긴 기다림을 기다릴 수 있을까. 나는 그런 어려운 일은 이제 과감히 그들에게 맡기고, 미래를 편하게 지내고 싶다.

꽃들이 보내오는 진심의 초청장을 나는 환하게 웃으며 받고 싶다. 태양 아래 빛나는 대지의 숨을 맡으러 페스티벌 속으로 당장 달려가리. 내 인생은 5월을 지나 이제 9월을 향하거나 넘고 있지만, 그건 단지 시간의 흐름일 뿐이다. 내 안에 그것이 살아 숨 쉬는 한 나는 놓치지 않고 그 생명력과 젊음의 기운을 손안에 쥘 수 있으리라. 그걸 쥐어서 뭐 할 거냐고 묻는다면, 나는 그렇게 싱싱한 삶을 살고 싶어서라고 당당히 말하고 싶다. 생명이 있어도 생명력이 없는 듯 사느니보다는 그것이 비록 내 정신의 세계에서만 가능한 일일지라도, 나는 그렇게 살고 싶다.

매년 어김없이 새로 올 꽃밭에서 생명의 냄새를 실컷 맡아보리라. 늦은 계절에 어울리게 피는 꽃을 만나, 나를 부르는 저 꽃들에게 손만 흔들어주면 된다. 땅 위에 뿌리내린 꽃들은 내 손이 아니라 자연이 다 솎아줄 테니. 아직은 버려질 때가 아니니, 슬퍼할 일도 두려울 것도 없다. 혹여 이 세상이 변한다 해도, 버려질 때가 오면 스스로 걸어 들어가리. 제주 김녕의 아침 바다, 그 물결 끝에는 삶과 죽음의 경계가 단지 한 발자국이었다. 속울음의 꽃들이 만발했던 기억 속에서 그것만 두 눈에 깊게 담아왔다.

봄이 오고 있다.
3월의 봄이 4월의 봄을 불러오고, 기어코 계절의 여왕인 5월까지 불러오리니. 꽃들의 초청장을 받아들고 행복하게 웃는 순간, 우리 모두는 언제나 사랑스러운 봄 안에 있다.

빅 데이터 앞에서 꾸물거리다

　세미나 제목이 '빅 데이터 시대의 문학'이라서 어찌하려나 궁금했다. 시대가 시대이니 피할 수 없는 주제이다. 사실 세미나라는 게 원래 주변부 얘기만 하다가 끝나는 게 일쑤라 크게 기대는 안 했지만, 역시 빗나가지 않고 실망을 얹혀 주었다. 원론적인 얘기 몇 마디로 퉁 치다니…. 빅 데이터를 너무 무시했다.
　집으로 돌아와 관련 책을 읽기 시작했다. 여러 책 중 작가가 쓴 《나는 농담으로 과학을 말한다》에서 나는 아주 쉽게 빅 데이터를 이해했고 가까워졌다. 현대인들이 SNS에 올린 데이터를 1년만 모아도 《사기》를 쓴 사마천보다 훨씬 많은 데이터를 남기며, 그런 일을 안 한 사람도 카드 결제니 은행 거래 CCTV 등 모든 행동이 데이터로 남는다고 한다. '쓸모없어 보이는 시시콜콜한 것'들을 일단 모두 다 저장한 뒤, '쓸모'를 잡아낸다는 게 그 핵심이다. 그리고는 어느 날 예상하지 못한 곳에서 선정된 정보나 통계가 우리 눈앞에 턱 나타나는 그런 마술 같은….

문득, 무서워졌다. 나도 모르는 내 정보가 어딘가에서 이용된다는 사실이. 별안간 모든 걸 다 삭제하거나 끊어야 하나 싶은 생각이 들기 시작한다. 나는 쓸모 있기가 싫다. 시시콜콜한 존재가 되어 아무도 눈치채지 않는 삶을 원할 뿐인데, 왜? 쓸모가 없어 보이는 삶을 사는 즐거움을 이제 막 느껴보려던 참이었다. 쓸모없음의 쓸모 있음無用之用을 말한 장자의 말을 함부로 갖다 쓰지 마라. 대붕의 날개에 올라타 그 진정한 뜻을 받아들여야 할 때이다.

게다가 이게 무슨 큰 이슈이랴. 글 쓰는 사람들에게 물어보면 답이 금세 나올 텐데. 글을 쓰려면 뇌 속에 자료가 필요하고, 학자가 아니니 깊게 파고들기보다는 박학다식 알쏠신잡의 경지가 필요하다. 각종 각계의 책들과 음악, 미술, 영화에 대한 관람들이 모든 데이터이고, 모아서 태산처럼 많아지면 빅 데이터가 되는 것이다.

말의 변용. 뇌 속에 많은 정보를 입력한 뒤에 글을 쓰려고 하는 주제에 관련된 것을 분류하고, 공통적인 것들을 찾아내어 쓰기 시작하면, 그게 바로 빅 데이터 아래에서의 창작 스타일이다. 거 참 별거 없다는 사실에 속이 후련해진다. 잠시 잊었다. 글을 쓸 때는 작가의 뇌의 데이터만이 아니라 온몸으로 느끼는 '가슴'이 있어야 한다는 것을. 빅 데이터엔 느낌이 없다. 사람 안에 살아 움직이는 그 복잡미묘한 감정의 느낌이 말이다. 느낌은 저장할 수 없다. 예술로 남길 수는 있어도. 인문학에 아무리 방대하고 객관적인 자료가 생긴다고 해도 '느낌'이 없으면 헛일이다.

생각과 느낌이 사실은 뇌 속에서 일어나는 화학 과정의 결과이고 우리가 받은 자극의 결과일 뿐이라고 21세기 뇌 과학은 폭로하지만, 그들은 예술이라는 동네에서는 뇌보다 매 순간 미묘하게 생동하며 '잡히지 않는 가슴'이라는 게 있다는 걸 알아야 할 것 같다. 가슴은 쓸모라는 이름으로 잡히는 실체가 아니다. 막무가내로 자유분방하게 아무 때나 제멋대로 돌출하며, 창작의 세포를 일으켜 세우는 복병이다.

속도를 얘기한다. 빠른 속도가 무척 중요하다는 얘기에 고개를 끄덕여준다. 그러나 아무런 상관이 없다. 창작에 속도란 품목은 아예 들어있지 않으니까. 예술은 시간을 다투는 경쟁이 아니다. 혹여 있다면, 자기만의 속도로 하면 된다. 그 자기만의 속도도 의지로 자유롭게 한다는 게 자유롭다. 결정권을 사람이 갖는다는 자유로움에 속도는 맥없이 사라진다.

게다가 대량과 다양성, 정확성을 대표주자로 내세우지만 우린 이미 수많은 예술창작의 작가들이 제각각의 유일무이한 고유성으로 다양한 목소리를 내고 있다. 이보다 더 다양할 수 없으며, 자기만의 정신과 내면의 세계를 그리기에 무엇보다도 정확성을 표현한다. 다만 새로운 스타일의 다양함은 필요하다. 작가들 존재 자체가 다양하지만 글의 문체나 주제, 구성은 새로운 눈을 통해서 변해야 할 것 같다. 이런 시대에 익숙한 독자들에게 오래된 스타일은 향수보다는 지루함을 줄 수 있기에 말이다. 다양함이란 조화와 연결된 정체성을 가진 말이니, 무진장으로 다양한 방향과 사고로 변하는 시대에 작가들도 그 정도의 노력은 필요하지 않을까 싶다.

시대가 암만 바뀌어도 그 알갱이는 변하지 않는다는 진리는 불변이다. 빅 데이터 다음에 뭐가 오든 간에 우리는 웃어 주리라. 꾸물거리며, 마냥 꾸물거리며 지나쳐 가면서….

꿈 없는 잠

악몽이다. 아니 그건 악몽이 아니다.

꿈을 꾼다. 나쁜 꿈을 꾼다. 복용하는 약의 부산물이라는데, 처음엔 이 꿈의 괴물에 잔뜩 겁을 먹었다. 밤이 오는 게 두려웠다. 오늘은 또 어떤 그림자 괴물이 나타나 나를 괴롭힐까. 꿈이 무서운 게 아니라 꿈을 두려워하는 내가 점점 두려워졌다. 이 충격은 한참을 갔다. 하지만 충격도 결국은 일상화되고 평범해진다.

꿈을 들여다보기 시작했다.

처음에는 검은 망토를 걸친 드라큘라 백작 같은 악마가 나를 자주 덮쳤다. 나는 그 검은 망토에 갇혀 숨을 못 쉬었다. 그런데 화장실 같은 곳이 자주 등장해서, 그런 꿈을 꾼 이후로 한적

하고 후락한 화장실은 피했다. 꿈이 현실까지 걸어 들어와 내 삶을 흔들어댔다. 하지만 그것도 점차 희미해졌다. 끝없이 반복되는 일상 앞에 끝내 무릎을 꿇고 말았다.

그 검은 망토. 아, 모차르트의 〈마왕〉에 나오는 망토이다. 음악 극작가로 공연할 때 나온 바로 그 악마. 말을 타고 달리면서 아이의 생명을 검은 망토로 휙 채 가는…. 극에 나오는 아이는 마왕에 대한 두려움으로 극심한 공포에 떨고, 작가인 나도 그 장면을 쓸 때 검은 망토에 대한 두려움과 아이를 빼앗길까 봐 조바심을 내며 극화劇化했던 기억이 있다.

그랬던가. 내가 갖고 있던 이미지 중에서 가장 무서운 게 그 검은 망토였던가. 어느 날, 그런 악몽을 꾸었을 때 내가 내는 소리를 옆에서 듣고 이렇게 말했다.

"그건 사람이 내는 소리가 아냐. 여태껏 들어보지도 못한 네 목소리…."

뭘, 괴물이 내는 소리구먼. 마음이 순한 그는 표현도 순하다. 그나저나 '사람이 내는 소리가 아닌' 그 소리는 도대체 '나와 악마' 중 누가 내는 소리일까. 나는 또 분석에 들어간다. 이러다 해몽의 대가가 될지도 모른다. 꿈의 해석은 자유다.

이 신호는 무엇일까. 인간이 자연적인 사건에서 의미를 찾는 성향을 심리적 전문용어로 '마음 이론(theory of mind)'이라고 한다. 우리가 무슨 신호나 징표로 부르는 것들의 의미. 초자연적 세계에서 보낼지도 모른다고 생각하는 그런 소통의 흔적들이 이런 신호나 징표로 나타나는 걸까.

마음 이론은 그저 단순한 풍경이거나 소음, 이미지들에 자기만의 감정을 넣어 특별한 의미를 갖게 만든다. 어떤 사람은 어머니를 여읜 후, 슬픔에 젖어 있을 때 어머니의 방에서 울리는 풍경소리를 듣고 '아, 어머니가 괜찮다'는 말을 하는 신호라고 생각했다는데, 사실이야 바람이 불어 풍경소리가 난 것일지라도 그렇게 생각이 된들 어떠랴. 나는 어머니가 돌아가신 바로 직후에 산소 주위를 날아다니는 노랑나비를 보자 어머니가 '괜찮다. 경은아. 이제, 그만 울고 잘 살아라' 하는 신호 같아 위로가 되고 힘이 났다.

이제 꿈속으로부터 보내온 검은 망토의 신호가 내 안에서 고개를 쳐든다.

'내게 무슨 말을 하는 걸까? 이 이미지는 무슨 의도일까.'

나는 그 숨겨진 의도를 찾으러 내 안으로 깊이 들어간다. 두려움을 깨는 탐험자처럼. 검은 망토가 보내는 신호와 내 안의 감정들을 찾아서.

꿈이 사소하고 일상적으로 변하는 중이다.

스토리가 생성되고 있다. 꿈을 꾸는 나를 내가 옆에서 본다. 심지어 조작도 한다. 옆에 자는 이에게 명령도 내리고 잔소리도 한다. 왜 내 말을 얼른 못 알아듣느냐며 성질도 부린다. 꿈을 지배하는 나를 보면 왠지 기가 막힌다. 눈앞에 버젓이 꿈속의 물체들이 있다. 하루 동안 몸이 피곤했나 보다. 밤새 다양한 종류의 꿈을 많이 꾸었다.

남편이 자주 깬다. 성가신 아내.

오늘 아침, 침대에서 일어나 말했다.
"이러다 꿈하고 현실하고 구분을 못해 정신착란이 일어나면 어쩌지? 파킨슨에 그런 증상도 있었나?"
"아니. 없었는데."
다행이라며 나머지 잠을 마저 잤다. 두려움과 안심의 경계가 저 한 마디에 있다. 이번엔 꿈 없이 푹 잤다. 행복한 잠.

저벅저벅

쿵쿵, 하는 소리가 들려온다.

저 멀리서 들려오다가 점점 소리가 커진다. 가까워진다는 생각에 두려워지기 시작한다. 가슴이 요동치려고 움직거리고, 마음에 두려움이 안개처럼 들어찬다. 그저 의성어 하나의 낱말이다. 떨 거 없다. 하나 말보다 그 뒤에 숨은 그림자가 무섭다. 며칠 동안 발걸음이 심장 위를 왔다 갔다 걸어 다녔다. 가슴은 이미 알지언정 나는 그 말을 입에 올리지 않겠다고 벽을 단숨에 세운다.

한 문단의 텍스트를 보고 자기의 가슴에 찔리는 '푼크툼(punctum)의 언어'를 고르는 공부를 할 때였다. 수강생들에게 설명하고 글쓰기 시험을 보려는 중이었는데, 어처구니없이 내가 찔리고 말았다. 찔리면 아프다. 나는 아파서 얼른 마음을 바꾸었다. 되든 말든 '행복이 저벅저벅 다가온다'고 문맥도 안 맞는 문장을 가슴에 앉히고 돌아다녔다.

말이 운명에게 시비를 건다. 너는 뭐가 그리 두려운가. 생각해 보라. 왜 그토록 말 한마디에 두려워하나. 죽음의 그림자가 다가올까 봐? 공포는 실제보다 생각하는 게 더 크다는 것도 잘 알고, 혼자서 통 큰 척은 다 하는 사람이 갑자기 소심해져서 그러는지. 치워라. 앞뒤 말이 영 안 맞는다. 아직 세상과 사람에 지나치게 정이 있어서 그럴지도 모르지만, 어울리지는 않는다.

저벅저벅, 자박자박, 성큼성큼, 엉큼성큼, 터벅터벅, 타박타박…. 모두 걸음걸이를 나타내는 의성어이다. 글에다 의성어를 많이 쓰면 큰 효과를 보지 못할 때가 많다. 그런데 때론 그 한마디가 수백 개의 언어보다 강할 수가 있다. 오늘처럼 보통 때 무시당하고 살던 이 언어들이 제 능력을 무섭게 발휘하면 말이다. 언어는 보이지 않는 힘을 갖고 있다. 사람들의 마음 안에서 자라나 커질 때 언어는 그저 단순한 언어가 아니라, 거대한 힘과 에너지를 방출한다.

삶은 늘 지나치게 정직해서 현실의 고통을 고스란히 겪게 한다. 신은 때로 묵묵히 침묵을 지키고, 그것을 겪어내야 하는 인간은 힘에 버거워 내적 갈등에 시달린다. 게다가 침묵은 무작정의 기다림을 요구하고, 더러는 배신의 끝을 보게도 한다. 엔도 슈사쿠는 소설 《침묵》에서 "밟아도 좋다. 네 발이 아프겠지만. 너희에게 밟히기 위해 나는 존재한다."며 신의 사랑을 얘기한다. 방황하는 신부의 영혼에 들려온 소리. 그 침묵의 말에 위로를 받으며 배교자의 삶을 근근이 버티며 살아나간다. 배교와 배신에 대한 정당화라는 종교계의 비판이 있지만, 소설은 지극히 매력적이다.

귀를 기울여 본다. 침묵의 언어가 내 영혼에도 들려올까 싶어서…. 겨우 의성어 하나에 흔들리는 나약한 존재인데. 하나 '저벅저벅'이 달고 온 공포의 발걸음 소리에 마냥 도망 다닐 수야 없다는 반심叛心이 든다. '말'을 기다린다. 나의 침묵 안에서 소용돌이치는 바로 그 말. 그게 언어이든 소리이든, 음의 반향이든 빛의 말씀이든 간에 나는 손에 쥐고 당당히 걸어갈 것이다.

소리는 인간의 몸과 마음을 빚어내는 가장 강력한 자극이며, 청각은 인류의 진화와 생존에서 가장 보편적인 감각이라고 신경과학자들은 말한다. 인간의 감정을 제어하기 위해 또는 심지어 인간의 감정과 뇌를 해킹하기 위해서도 사용된다는데, 나는 무서우면서도 재미있었던 영화 〈죠스〉 도입부에 나온 첫 음을 잊을 수 없다. 지금 들어도 심장이 두근거린다. 이것도 사실은 공포감과 두려움을 불러일으키기 위한 고도의 정신 물리학적 조작이라고 한다. 영화 하나에 과학까지 응용하다니 상업적인 세계가 생각보다 치밀하다. 영화가 밖의 삶을 건드린다. 영상 속 이미지들이 진하게 박히면서 뇌의 한 공간을 차지한다. 이미지의 울타리가 생각보다 높고 강하다.

아마도 나의 뇌 안에는 단순한 언어부터 복잡하고 미묘한 언어가 포진되어 있을 것이다. 내가 '저벅저벅'이란 말의 반향에서 느껴졌던 공포도 어쩌면 나의 뇌가 만든 고도의 뇌 전략일지도 모른다. 내가 나에게 속는다. 그렇다면 이번엔 내가 한번 전략을 펼쳐볼 때이다. 기다리시라.

아버지와 나

　아버지는 대부분 게을렀다. 방금 일어난 이부자리 위에서 세수를 했다. 어머니가 아침마다 놋대야에 물을 따뜻하게 데워 앞에 놓으면, 겨우 고양이 세수를 하면서 남편의 위엄을 세웠다. 어머니는 그게 뭐 그리 좋다고 옆에서 수건을 들고 서서 즉각 대령하며 미소를 지었다. 애인이나 아내처럼 느껴졌으면 좋았을 텐데 비서 같아서 아쉬웠다.
　오랜 후에도 나는 그 대목이 늘 어색했다. 그게 미소를 지을 일인가. 굴욕감은 정말 하나도 안 느껴지고, 그저 사랑으로 모조리 포장할 만큼 그런 큰 사랑이었을까. 그 사랑 안에 배덕의 장미가 숨어 있었고, 아름다운 장미는 길고 날카로운 가시를 품고 잔인하게 기다리고 있었지만, 아무것도 알 수 없었던 어머니는 그 순간만큼은 행복했을 것이다. 그런 아침이 제법 길었던 게 자못 위안이 된다.

　나는 아버지의 큰 딸이다. 이북에 두고 나온 할머니를 가슴에서 평생 떼어내지 못한 아버지는 생긴 외모부터 성격, 행동을 고스란히 닮은 나를 고와했다. 유난스러울 때가 많아서 조금 불안했다. 그런데 그런 말을 자꾸 듣다 보니 어느 날인가부터 할머니가 내 수호신같이 생각되었다. 시공을 넘어선 두 인물의 합체. 로봇도 아닌데 우리는 이미 하나로 존재했다. 나도 무척 게으르다. 자기가 관심 없거나 싫어하는 것을 하려면 지구를 옮기기라도 하듯 느리고 끝까지 게으름으로 버틴다. 집에 있을 때는 안 씻는 게 정신상태의 이완과 피부에 좋다며 얼토당토않은 이론으로 씻지 않으려 한다. 청결함이 특별난 동거인으로서는 용납이 절대 안 되는 장면이 연출된다. 아랫목 세숫대야와 안 씻고 버티기의 우승자는 누구일까.

　남을 잘 시킨다. 이게 아버지의 주특기이다. 회사에서도 대표이고, 집에서도 대장이니 당연한 일이었을까. 숟가락으로 제 밥을 떠서 먹는 게 이상할 정도로 손에 일을 묻히지 않았다. 손톱 끝에 전기충격기라도 있는 듯이 손을 오므렸다. '흙이 묻지 않는 손'이라고 나는 생각했다. 정원이 있는 집이 좋다면서 이건 무슨 이율배반인가. 정원사라도 따로 둘 작정인가. 아버지는 그저 말 한마디로 모든 걸 다 해결했다. 아버지의 입에서 나오는 '말'이 떠다니며 명령을 하고 지시를 내렸다.

"좌우지간 시키는데 천재야." 옆에서 구시렁거린다.
"뭘, 오는 길에 갖고 오면 될 걸."

나도 남을 잘 시킨다. 몸에 절로 붙어있다. 눈으로 보고 귀로 들은 걸 이리도 철저히 완벽하게 복습을 하다니 때로 기가 막힌다. 아니다. 나는 시켜 먹기도 잘하지만, 시키는 일도 잘한다. 그런가. 피식 웃음이 나온다. 어째, 씨도 안 먹히는 기분이 드니 그만두는 게 낫겠다.

아버지는 음악을 좋아했고, 친구들과 술잔을 기울이며 문학을 얘기하는 걸 즐겼다. 다리가 네 개인 전축을 틀어놓고 친구들과 이야기를 나누는 소리를 듣고 있으면 참 좋았다. 심지어 아름답게 느껴지기도 했다. 책 이야기를 하며 열을 내는 그 뜨거운 심장의 열기들이 내 안으로 흠뻑 들어오는 듯했다. 내 문학의 촉은 술과 음악, 이야기의 총체적인 이미지를 갖고 있는 셈이다.

나도 장일호 소설가가 말한 술자리에서만 나온다는 언어와 느낌들을 쓰는 술자리를 좋아한다. 속닥거릴 수 있는 단 몇 명의 모임. 게다가 음악광이다. 음악이 없으면 시간을 버텨내기 힘들다. 비틀스의 나라 영국에서 음악을 들을 데가 없어 더블린 트리니티 칼리지 한 귀퉁이 마당에서 귀에 이어폰을 끼고 춤을 춘 기억이 난다.

아, 춤!

아버지가 춤을 추는 것을 본 기억이 없다. 춤을 싫어했나. 눈에 띄는 외모에 춤까지 얹으면 대책 없었을 테니 다행이다. 이 외모란 내 선배들이 결혼식장에 와서 전부 아버지가 잘 생겼다며 데이트를 하고 싶다느니 하며 운운한 사건이다. 신랑 신부는 순식간에 왕따가 되었다.

　나는 춤추는 걸 좋아한다. 춤 안에는 희열이 있고, 심장을 두드리는 북이 있다. 온 몸에 가장 빠르게 생명이 매달리는 예술이다. 음악과 춤은 한 쌍이다.

　아버지는 언어에 뛰어났다. 러시아어와 일본어를 제 말처럼 했다. 이것만큼은 무진장 부지런했다. 매일 출근길에 영어를 듣는다고 자랑이 늘어졌지만, 그때에는 같이 안 살아서 증명된 이야기는 아니다.

　언어에 소질이 있다는 소리를 자주 듣는다. 영어, 일본어, 중국어, 스페인어, 이탈리아어 등등 밥은 안 굶을 만큼 말한다. 언어를 아는 게 한 세계를 아는 일이라고 생각하며 관심을 쏟는다. 나는 언어를 만지작거리는 게 행복하다.

　아버지와 아버지의 딸은 DNA라는 끈적한 물질로 이어져 있다. 눈에 보이는 건축물들과는 달리 유전적 건축양식은 보이지 않는 이 DNA들의 복잡한 염기서열 형태로 활동한다. 우리의 관계가 단지 염기서열의 형태란 말인가. 각설하고, 서로 좋아하든 싫어하든 무조건 연결된 이 관계가 나는 때때로 어색하다. 아니 질색일 때도 많다. 증오가 새어 나오는 날, 슬픔이 솟구치는 날, 그리움으로 회한에 빠지는 순간에도 나는 이 무한의 절대적인 핏줄을 들여다보면 씁쓸해진다.

　우리는 한 마디로 규정짓기 어려운 참 이상한 부녀지간이지만, 기억 속의 아버지는 아버지의 딸을 지나치게 사랑했다. 그 안에 북에 두고 온 할머니의 모습이 살아있어서였을까. 하나 단지 유전자라고 퉁 치기에는 뭔가 알 수 없는 이 기류는 무엇인가.

어머니와 나

나의 목적은 단순했다. 어머니와 정반대로 살기. 그렇게 살면 삶이 성공할 것 같아서, 절대로 비슷하게라도 살지 말아야지 하고 정해 버렸다. 온몸이 저리도록 사랑했고 마음이 아파서 다 해진 가슴을 안고 다녀야 했지만, '어머니는 어머니고, 나는 나'라는 완벽한 비즈니스 마인드로 정신적인 독립의 길을 구가했다. 그 독립정신은 제법 성공해서 결국 27살에 결혼을 핑계로 당당히 가출했다. 어머니의 삶에서 한 발자국이라도 비켜나고 싶었다. 바늘구멍만 한 구멍이라도 숨구멍을 뚫어야 했다. 도피든 사랑이든 무엇이라도 잡고 튀어야만 살 것 같았다.

어머니는 여덟 남매 중 둘째 딸이다. 아버지와 끝내 갈라진 39세의 꽃다운 어머니에게 이모들은 선을 보라고 부추겼던 모양이다. 이 이야기를 들은 외할아버지는 회색 두루마기를 휘날리며 집안으로 들어서셨다. 키가 전봇대만큼이나 컸던 할아버지의 위용은 하늘이라도 무너뜨릴 기세였다. 앉자마자 어머니에게 부엌에 가서 식칼을 들고 오라시더니, 칼을 방바닥에 꽂았다.

"내 이상한 얘기를 들었다. 만약 애 셋 놔두고 어디로 간다는 말 들리는 순간, 니 죽고 내 죽는 날이다. 단디 들어라."

호랑이가 움찔할 만큼 우렁찬 목소리로 한마디를 하신 외할아버지는 뒤도 안 돌아보시고 가셨다. 식칼로 지킨 손주들에게 눈길 한번 안 주시고, 도포 자락을 휘날리며 뻣뻣하게 떠나셨다. 나는 고등학생이었고 인생을 알 듯도 싶던 애매한 나이였다. 분명하게 느낀 건 그때 외할아버지가 우리 셋의 삶을 꽉 움켜쥐셨다는 사실이다. 흔들거리는 어미의 가슴팍에 불도장처럼 '네 새끼들이다'를 지져 넣으신 거다. 두 번 다시 그런 이야기는 흘러나오지 않았고, 어머니는 새끼들 굴속으로 걸어 들어와 마지막까지 나가지 못했다. 그 뒤로부터 어머니의 삶의 목적은 '세 아이 구하기와 지키기'가 돼 버렸다.

차라리 그때 재가를 해서 보란 듯이 잘 살았으면 좋았을 텐데 하는 생각을 종종 했다. 멋지게 성공하는 여성의 삶을 그려 보기도 했다. 아버지에 대한, 남편에게 그렇게 복수하는 장면을 영화처럼 몇 번이나 돌려보았다. 만약 그랬다면 우리 남매 셋은 아마도 거의 엉망이 됐을 것이다. 우리가 갈 곳은 없었을 테니까. 끝없는 사막을 걷는 환상에 자주 시달렸고, 목이 말라 아팠다. 감로수는 어디에도 보이지 않았고, 메마른 목줄기를 적실 단 한 방울의 물조차 없었다. 가슴팍이 말라 갔다.
 어머니에게서 여성성이 사라지고 있었다. '여성'을 쓸 기회가 전혀 없으니 사라질 수밖에. 안타깝게도 그건 내가 나서서 될 일이 아니었다. 게다가 기막힌 건 세상 모든 남자 중에 아버지만 한 남자는 없다는 일편단심 민들레 사랑은 평생을 갔다. 객관적으로 보자면 그 말이 맞긴 하다. 완전 미남형 얼굴에 지적인 교양미가 풍기는 훤칠한 외모는 그렇게 보이고도 남는다. 도리언 그레이처럼 외모로 모든 죄를 덮을 만큼. 어쩌면 그 사랑이 어머니를 지켜냈는지도 모른다. 아이 셋 잘 키워 남편에게 보여주겠다는 마음도 있었을까. 아닌가. 나는 어머니가 아니고 그녀의 딸일 뿐이다. 속을 보인 적이 없다.
 나는 아들이 둘 생긴다. 제 새끼가 생기면 부모 맘 안다던데 도대체가 모른다. 제 새끼들 우선으로 챙기기에 바쁘다. 부모는 여전히 뒷전이다. '나중에는'이란 말은 인생 사전에 없다는 걸 눈치채지 못한다. 그러다 뒤통수 맞을 텐데, 어쩌려고.
 어머니도 늙는다. 입맛이 변하기 시작한다. 자꾸 달달한 걸 먹는다. 삶이 너무 팍팍한가. 달콤한 게 필요한 모양이다. 할아버지 표 치킨과 치즈가 듬뿍 든 피자를 좋아한다. 그것도 제일 비싼 걸로 시킨다. 늘 말한다. 어디 가서 잘 모르겠거든 최고로 비싼 걸로 사라고, 다 제값을 하는 법이라고. 어머니는 큰딸이 그 말을 금과옥조처럼 지키는 걸 좋아한다.
 나도 나이가 든다. 조금 나아졌나 싶지만 그냥 그렇다. 이번엔 작가로 활동한답시고 바쁘다. '바빠, 바쁘다니까'가 겨우 대답이다. 야박하고 못난 것들.

어머니는 요리에 대한 자부심이 대단했는데, 그건 완전히 타고난 손맛이다. 유부초밥과 곱창전골, 이북식 김치말이 국수, 분탕국, 고사리를 듬뿍 넣은 파 육개장, 무나물과 시래기, 고사리나물, 깔끔한 국물의 동태찌개는 타의 추종을 불허한다.

나는 지중해식 샐러드 열 개를 배워 손님들을 150여 명 초대했다. 어미를 그렇게 정식으로 초대한 적이 있나 머리를 긁어보지만, 떠오르지 않는다. 그저 식구처럼 집 반찬으로 먹었을 뿐이다. 미리 좀 배워서 해드리지 무심한 것들. 부모는 기다리지 않는다는 걸 그리도 모르다니.

어머니는 어려서 일본에서 사셨던 관계로 일본에 가고 싶어 하셨다. 선글라스도 사고 여권도 냈지만, 하필 그때 일본에 지진이 크게 나서 멈췄다. 대신 옷을 샀다. 어머니는 이런 디자인 입고 싶었다며 좋아하셨다. 가고 싶은 마음을 숨긴 건데…. 무슨 효녀라고 그 말을 그대로 믿었다. 고 미련한 종자들.

나는 그 뒤로 일본을 열 번도 더 갔다. 가슴이 늘 찔린다. 아니 찔려야 한다. 어머니는 결국 해외라곤 한번도 못 갔고 나는 여행을 셀 수 없이 다녔다. 뒤통수가 간지럽다.

폐암으로 생을 마감하셨다. 폐암으로 삼 개월 전에 떠난 아버지를 따라갔다고 우리 모두는 믿었다. 그놈의 사랑이 웬수다.

나는 늘 쓰린 가슴을 안고 산다. 어머니의 일생을 바친 그림자 인생이 눈물겨워서, 그녀의 모든 시간을 다 훔쳐서 산 새끼들이라 미안해서, 이렇게 세상에 당당히 서도록 세 남매를 잘 키워준 게 고마워서 운다. 글 한 줄에도, 생각 한 줄기에도 눈물을 흘린다. 서럽다.

 어머니, 그토록 아름다운 삶을 사시느라 고생하셨습니다, 라고 쓰다가 문장을 고친다. "다음 생은 행복한 여자로 태어나십시오."

고요한 집, 거룩한 생

"난 이렇게 조용히 둘이 사는 게 좋아."

옆에서 참 이상한 할머니라며 고개를 갸웃한다. 쌍둥이 손녀들이 왔다 간 뒤, 갑자기 고요해진 집을 보니 좋았다. 마음이 안정되고 편안하다. 이젠 복잡한 게 버겁다.

내가 성격이 유별나서 그런가, 하는 생각을 했다. 아니 원래가 냉정한 편인가 궁금해졌다. 남들은 손주들을 자주 못 봐서 힘들다던데, 잘 모르겠다. 말할 수 없이 귀엽지만 그 아이들은 제 부모 밑에서 잘 자라날 것이고, 나는 책임에서 자유롭다. 가끔 그저 바라보기만 하면 된다. 뭐 아이들을 싫어하는 편은 아니다. 두 아들이 독립하기 전까지는 그들에게 나의 시간을 아낌없이 떼어주고 몰입했다. 하나 이제는 나의 삶과 시간을 아껴야 한다는 마음이 더 강하게 다가올 뿐이다. 평생 나만을 위한 삶이란 드물었고, 지금에야 그것을 어지간히 누릴 수 있기 때문이다. 이 귀한 시간이 나를 오랫동안 기다려 주었고, 나도 하염없이 기다렸기에 그 만남을 소홀히 할 수 없다면 이기적일까.

심리학에서는 성격을 감정, 생각, 행동의 패턴에 기여하는 개인의 지속적이고 특이적인 심리적 특성으로 정의한다. 나는 성격이란 후천적으로 공부나 수련을 통해서 바뀌는 것보다는 부모의 선천적인 DNA의 영향이 크다는 생각을 갖고 있다.

"에구, 저놈의 성질머리 죽어도 안 바뀌어. 배냇병신이라니까."

저 말을 방송작가 시절 라디오 드라마에서 제법 썼다. 성질머리는 어머니의 배속에서부터 가지고 나온다는 뜻이다.

나의 성질머리는 아버지와 어머니에게서 반반씩 받았다. 허영기가 많은 감상적인 면은 아버지이고, 현실적이지 못한 무대책의 순수함은 어머니이다. 두 분 다 현실적이지 못하다. 한 분은 보고 싶은 대로 느끼는 대로, 또 한 분은 할 수 없이 어쩔 수 없이 실컷 사셨다. 그들의 삶에 대한 시선이 남달라, 가족이란 이름에 구멍이 뻥뻥 뚫렸다. 그 구멍마다 바람이 휘저어댔고, 바람에 맞서기보다는 모두 휘청거리기로 했던 것 같다.

휘청거림. 낮술 한 잔을 해서도 아니고, 달을 끼고 앉아 마시는 밤의 달빛 술도 아닌데 휘청거려야 한다니. 취한 듯 사는 일도 할 만하다, 라고 말하면 근사하겠지만 현실은 냉정한 미소만 보냈다. 그런데 처음엔 낯설더니 점점 더 휘청거림이 편해지기 시작했다. 대충 휘청대며 쓰러질 듯 말 듯 엉망진창으로 엎어지는 것도 삶의 방식이라는 걸 깨달았다. 그 '앎'은 치명적인 고통을 주었지만, 고통을 옆구리에 끼고 마냥 휘청거렸다. 끝까지 가보자는 역심逆心이 나를 몰아세웠다. 청춘이 시퍼런 칼을 들고 덤벼도, 삶은 도도하게 제멋대로 흘러갔다. 내 성질머리 안에는 이 휘청거림이 배냇병신처럼 숨어 있다.

미국의 성격심리학자 루이스 골드버그(Lewis Goldberg)가 개인의 성격과 행동에 관해 '빅 파이브(Big Five) 모델'을 명명했다. 외향성, 신경성, 성실성, 친화성, 개방성인데, 나는 저 외향성과 개방성에 속하는 편이다.

외향적 성격의 사람은 친구가 많고, 페이스북과 인스타 같은 SNS 활동을 잘하며, 다른 사람과 잘 사귀는 경향이 있다. 그런데 놀랍게도 '중뇌의 도파민 회로가 활성화 되는 영역'이 이 외향적 성격과 관계가 있는 것으로 보인다고 말한다. 아니 이게 무슨 소리인가. 정말 이런 성격이 도파민의 활성화와 연결되어 있다고? 심장의 고동이 빨라지기 시작하고 책장을 넘기는 손이 떨렸다.

개방적인 성격과도 맞아떨어졌다. 이런 사람은 진보적인 생각을 가지고 전통적인 방식을 경계한다. 심미적 경험과 다양성 선호, 상상력이 풍부, 창의적이고 예술적이다. 역시 뇌의 신경전달물질인 '도파민'이 이 개방성 성격과 관련이 있는 것으로 나타났다. 놀랍게도 이 두 성격에 '도파민'이라는 공통점이 있다. 정말인가. 한 번도 생각해 보지 못한 일이다. 우연히 넘긴 책에 희미한 길이 그려져 있다니.

도파민. 파킨슨의 원인이 바로 저 도파민이 아닌가. 이게 턱없이 부족해지기 시작하면서 사람들의 인생에 급작스러운 파문을 일으키는 저분을 나는, 어느 날부터 애인으로 삼았다. 어차피 평생을 같이 가야 한다면 아름답게 웃으며 지내는 게 나을성싶어서 말이다. 아직은 변덕을 부리지도 않고, 속을 까발리지 않고 잘 지내주고 있지만, 언제 저 못된 성질머리를 드러낼지는 알 수 없다. 다만 안단테 안단테로 느릿느릿 오다가, 나를 아예 잊어버렸으면 좋겠다. 나의 몸을 15도 각도로 자꾸 숙이게 해 금방이라도 고꾸라질 듯 몰아세우고, 걸음걸이를 느리고 불안하게 만들고, 손을 떨리게 하는 희한한 능력자 파킨슨 씨, 들었나요?

잠시 현대 심리학이 발견한 내 성격의 모습을 생각해 본다. 그게 무의식이거나 유전적이든, 아니면 환경의 영향이든 이를 받아들일 때 새로운 길이 생길 건가. 혹여 내가 저 두 성격의 소유자라면 좀 더 적극적으로 살 때, 도파민이 활성화되어 많이 분출될 수 있지 않을까. 심지어는 나아질 수도 있지 않을까 하는 마음마저 품어본다.

새벽 4시이다. 노트북을 켠다. 사위가 고요하다. 그 고요함이 좋아서 입을 실룩거리면서 새로 시작한 원고의 제목을 부친다.

〈고요한 집, 거룩한 생〉

3부

두 번째 여행

푸른 자전거는 기다린다
9월이 3월에게
두 번째 여행을 갑니다
커피와 담배
덜컥
춤, 그 멈춤의 힘
노트북, 키보드, 손가락
김녕 바다, 속울음의 꽃이 피다
비밀의 열쇠

푸른 자전거는 기다린다

아이가 말했다.
"자전거를 타고 달려봐. 자전거에 올라타면 세상이 다 보여. 바람을 맞아봐. 자유가 느껴질 걸."
아이가 다시 말했다.
"두려워하지 마. 그저 자전거일 뿐이야."

〈푸른 자전거〉가 우리 집에 온 날이 기억난다. 대학생으로 보이는 젊은 연인이 수줍은 몸짓으로 들고 왔다. "제 첫 작품이라 원래 간직하려고 했는데, 하도 좋다고 하셔서 드리는 거예요."라며 건네주었다. 나는 살짝 미안했지만 작품에 대한 욕심으로 고맙다는 인사를 하면서도 절로 입꼬리가 올라갔다. 푸른 자전거는 그렇게 내 곁으로 왔다.

인사동 거리에서 우연히 들어간 전시회였다. 유명 작가전은 아니지만 그림이 좋았다. 신인들의 작품 속엔 아직 채 피지 못한 미완의 생명력과 신선한 기운이 느껴진다. 미완은 그 옆에 공간을 남겨둔다. 신인의 손길이라 캔버스를 꽉 채우지를 못하기도 하고, 완성할 힘이 아직은 부족하게 보이기도 한다. 하지만 부족하고 모자라서 좋다. 때론 허전하고 터치가 거칠기도 하지만 숨 쉴 여지가 있고, 나의 상상력이 작품 속으로 들어갈 수 있는 길이 더 열려 있어서이다. 완벽한 정답으로 압박하지 않아서, 아니 애초에 모범 답안지를 마련할 생각도 못할 때라서 지나친 엄숙함이나 터무니없는 진지함이 덜 하다. 비어 있다. 그 비어 있는 공간을 나 혼자 상상해 보는 즐거움에다가, 그 '비어 있음'에 대한 작가의 고민스러운 표정이나 진지한 시선이 떠올라 미소가 지어진다. 작가의 단순한 느낌만을 그대로 받아들일 수 있다는 게 마냥 편하다고나 할까. 때로 이마에 주름살이 한두 개 지어지기도 하지만, 그들의 작품은 늘 내 가슴을 뛰게 한다. 무지개도 아닌데 무지개를 바라보는 것처럼.

단박에 내 눈에 들어왔다. 검은 바탕에 자전거만 푸르게 그려진 판화 〈푸른 자전거〉. 분명 어두운 분위기인데도 푸르렀다. '나를 타고 어디론가 달려가 봐.'라고 속삭이는 듯한, 그런 목소리를 가진 그림이었다. 무조건 갖고 싶었고, 다행히 작가가 나의 마음을 받아주어 우리 집 벽에 걸리게 되었다. 오랫동안 걸려 있었고, 잠시 쉬었다가 다시 걸리기를 반복했다. 아무리 좋은 그림도 벽이 허락하지 않으면 걸 수 없다. 벽과 그림은 함께 움직인다. 이사 온 새집에 걸리지 못한 이유이다. 벽이 없다. 아파트라는 공간의 맹점이라고나 할까. 서서히 제 자리를 찾아주어야지…. 기다리면 어느 날 문득 보일 것이다.

며칠 전 그림 한 점을 소설과 수필을 쓰는 후배에게 주었다. 갑작스러운 선물에 놀라는 그녀의 등 뒤로 벽이 보였다. 후배의 2층 서재로 올라가는 공간 어디쯤 놓으면 좋을 그림이다. 환한 햇빛이 마루를 유리창 크기로 비추는, 마루에 털썩 앉아 콩이나 깨를 고르면서 음악을 듣는, 하염없이 콩을 고르지만 무념무상조차 생각지 않는, 책을 집어 읽다가 불현듯 책상 앞에서 글을 쓰는 그런 모습이 그리워서 선뜻 실려 보냈다. 그 공간의 벽들이 그림을 선선히 맞이했으면 좋으련만.

아직도 자전거를 타지 못한다. 고소공포증이 있어서 자전거 위에 올라가는 것조차 무섭기만 하다. 그저 자전거일 뿐이지만 못하는 건 못하는 것이다. 하지 못하는 게 있어야 할 것도 생기겠지. '그저'라는 말은 그 경계를 넘지 못하는 사람에게는 무서운 벽이다. 이제는 모든 일에서 벽을 만나면 부수려고 하기보다는 돌아간다. 한때는 무모하게 덤벼들어 벽도 죽이고 나도 죽이고, 라며 헛된 입질로 벽을 넘고도 싶었지만, 나는 그저 "벽이 그립다"는 시 한 구절이 더 마음에 와닿는 종족일 뿐이다.

초등학생이던 막내의 입에서 '자유'라는 말이 나온, 느닷없는 언어가 튀어나와 가슴이 놀라 쿵쾅거렸던 그 날의 하늘이 기억난다. 하늘이 푸르렀던가.

9월이 3월에게

"화면을 올려주세요."

콘서트 가이드가 말하자, 오르간이 있는 무대 중앙을 크게 보여주던 화면이 올라간다. 그 사이로 서서히 제 몸을 드러내는 파이프 오르간. 화려한 조명을 비추자 그 모습이 눈부시게 빛을 발한다. 무슨 말로 표현할까. 화려하다거나 아름답다고 단박에 말해버리기엔 숭고한 느낌마저 든다. 하지만 그저 파이프일 뿐이잖아, 라고 누가 말한다면 너무 야박할 것이다. 그건 미적 대상에 대한 모욕일 수 있다. 더욱이 그것을 통해 음악이 뿜어 나온다는 것을 떠올린다면 그렇게 쉽게 말해버릴 수 있는 악기가 아니다.

파이프 안에는 '숨'이 숨어 있다. 그건 숨구멍들의 내뱉음과 들이마심의 교차이며 조화의 최고조이다. 오르간의 음들이 여러 가지 형태의 파이프를 통해 하나하나 자기 소리를 찾아 제 몸을 연다. 거기에 사람의 목소리가 더해져 공연은 영혼의 세계로 내달린다. 연주자가 마지막 오르간 교향곡 〈피날레〉의 첫 음을 누르자 그 웅장함에 온 몸이 떨리고, 음악의 강물이 몸 안으로 흘러들어온다.

"저 굴다리 밑에서 주워왔지. 하도 울어서 윗목에 두고 이불을 덮었어."라는 말을 들었을 때 참 막막했던 기억이 난다. 어린 나이인데도 나는 그 말이 그렇게 황당해서 그냥 멍하니 허공을 바라보았다. 어른들의 장난질이고 우스갯소리라는 걸 알면서도 마음속에선 진짜가 아닐까, 불안하고 두려웠다. 서러웠던가. 그런데도 울음은 나오질 않았다. 아니 내 존재의 근원에 대한 알 수 없는 밑바닥이 더 궁금하고 등허리가 허전했다.

내 부모가 버젓이 눈앞에 있는데 굴다리 밑에서 주워왔고, 그곳이 진짜 내 집이라는 말을 어린아이라고 아무렇게나 말하다니. 이해할 줄도 모르고 가슴 아플 줄도 모를 거라고 생각을 했던가. 어머니의 배 속에 있던 태아 때나 두세 살의 일을 기억하는 사람도 있다는데, 고 갓난쟁이가 윗목에서 두려움에 떨며 살아내 보려고 그 밤을 보냈던 생각을 하면 가슴이 떨린다. 중세 이전의 그림들을 보면 아이들은 그저 어른의 축소판처럼 그려져 있다. 하나의 인격체로서 개성을 살려 그려지는 건 오랜 뒤에야 이루어졌다. 이런 걸 볼 때마다 나는 거꾸로 어른은 단지 아이의 확대경일 뿐이라고 말하고 싶어진다.

오르간 연주가 수많은 파이프의 합주이듯이 우리 마음속에도 많은 감정의 파이프들이 사람의 내면을 복합적으로 만든다. 아직 어려서 모르니까 괜찮겠지 하면서 툭, 던진 어른들의 말들에 아이들의 여린 마음은 하나의 파이프에 갇힌다. 때로 뚫리지 않고 막혀 있기도 하고 소리가 잠겨 있기도 하다. 그런 파이프들이 한두 개면 다행이지만, 만약 여러 개라면 분명 불협화음을 낼 것이고 조화롭지 못할 것이다. 인생이 어차피 조화롭기가 쉽진 않지만, 자라면서 그런 걸 가슴에 품고 산다는 일은 쉽지 않다.

다만 글을 쓰거나 예술가들에겐 거꾸로 강한 에너지가 되기도 한다. 열등감이나 모욕, 혹은 불안감이나 두려움이 강한 열정으로 변하기도 하니까. 보상 같은 느낌이랄까. 인생에서 잃어버렸거나 놓쳤거나, 무시당해 삭제된 순간들에 대한 보상은 어떤 형태로든 해 주어야 맥이 통한다. 사람이니까 숨을 쉬어야 한다. 막힌 파이프도 뚫어주어야 하고, 고장 난 곳도 고쳐주어 제소리를 낼 수 있게 만들어 삶의 숨길을 열어야 한다. 비록 그것이 울음이고 고통일지언정.

아이가 아이였을 때, 내 속에는 어른이 살고 있었지.

아이가 어른이 됐을 때, 내 속에는 아이가 살기 시작했어.

우리는 하나란다, 라고 웃으며 무언가를 속삭였다.

9월이 3월에게….

순간, 바람이 살랑 불고 달콤한 향내가 거리를 스치고 지나갔다.

두 번째 여행을 갑니다

첫 번째란 말에는 힘이 들어간다. 맨 앞이어서 걸릴 게 없지만, 자기 앞이 텅 비어 아무것도 잡을 것이 없다는 부담감에 등줄기가 서기도 한다. 때론 모든 일이 처음이라 어설퍼서 집중하기가 어렵고 잘 즐겨지지 않는다.

여행에서, 흔히 첫 번 여행을 '개론'이라고 부른다. 대충 한 번 훑는 것이다. 모르든 알든 점을 찍는 것은 꽤 중요하다. 일단 기본 스텝을 알아야만 다음 동작을 할 수 있기 때문이다. 나는 한 번 간 곳을 또다시 가는 걸 좋아한다. 한 번 본 영화를 다시 보거나 책에 줄 친 곳의 문장들을 여러 번 봐서 외우는 것도 무척이나 즐긴다. 볼수록 마음에 달라붙기 때문이다.

틈이다. 첫 번과 두 번 사이에 틈이 있다. 그 사이로 들여다보는 세상은 예전과 다르다. 처음에는 보이지 않던 것이 보이기 시작한다. 영화는 이미 스토리를 다 봤으니 질질 끌려갈 필요가 없다. 내가 스스로 영화를 관리한다. 영화에 나오는 집 안의 인테리어 장식이나 그림, 의자, 책, 화병, 그릇, 카펫, 의상, 신발 등등이 눈에 들어온다. 심지어는 이거 내가 본 영화 맞아, 하는 의문마저 들 정도로 처음 보듯 새삼스럽다. 들여다보는 시선에 따라 다른 이야기를 보게 되고, 영화도 새로운 모습을 쓱 드러낸다. 나는 책을 읽으면서 여백에 메모를 잘 쓰는데, 다시 읽을 때마다 가끔 이런 생각을 했구나 하며 놀란다. 그런데 책은 영화와는 달리 두 번째부터 '기억과 저장의 회로'가 동작한다. 동작의 선線은 마치 기차가 레일 위를 달려 어딘가로 데리고 가듯, 우리의 심장과 뇌가 그 선을 타고 달리기 시작한다. 미지의 땅이 기다리고 있는 곳으로. 그 땅은 상상과 꿈, 몽상, 환상 등이 살아 움직이는 영역이다. 그곳에서는 현실도 꿈이 된다.

두 번째 눈은 주인공들이 움직이는 노선이 이상하다는 것도 보여주고, 영화의 한 장면을 제대로 들여다보게 하며, 그들이 자주 가는 동네의 카페나 음식점, 술집도 가고 싶게 만든다. 심지어 주인공들이 내뿜는 욕망이 움직이는 시선을 따라잡을 수도 있다. 클라이맥스에서 감정이입이 되지만, 첫 번보다 비교적 객관적인 시각으로 감정의 흐름을 지켜본다. 평온하다. 호들갑 떨며 보던 장면도 우리의 일상처럼 평범해지고, 눈에 띄지 않던 사소한 것들이 더 좋아지기도 한다. 사소한 것들의 위대함을 알기 시작하면서 그 여행은 흥미롭고 낯선 땅에서 새로운 세계를 맞이한다. 그때부터 우리는 숨어 있는 보물들을 제대로 발굴할 수 있다.

그래서 두 번째 여행을 서슴없이 떠난다. 지난번에 본 미지의 대상들이 나를 기다릴 것이고, 나는 그것들을 보고 느끼고 쓸 것이다. 같은 카페라도 앞 좌석에 앉은 사람이 다르면, 그곳은 이내 다른 공간이 된다. 잘 차려입은 중년의 여성들이나 근사한 신사에 따라, 아니 나이 어린 타국의 젊은 연인들이 자리에 앉는 순간, 내 앞의 공간은 변신한다. 꿈속의 공간들로.

어쩌면 나는 공간을 찾으러 여행을 떠나는지도 모른다. 자기의 공간이 세상에서 제일 편하고 좋아 더 이상 볼 필요가 없는 사람들도 있겠지만, 그럼에도 새로운 공간을 그리워하는 마음이 슬슬 올라오는 무리도 존재하니까. 낯선, 처음엔 그토록 낯설게 느껴지던 공간들이 익숙해지겠지. 타국의 길모퉁이 쿠키 가게도, 서서 먹는 조그만 빵집이나 에스프레소 카페들도 눈에 선선히 들어오고, 주인장하고 하이파이브를 외쳐야 할 것 같은 착각마저 들게 하는 마음도 생길지도 몰라. 어려서 일등과는 거리가 멀었던 게 이런 마음이 들게 하는 걸까. 맨 처음이라는 말을 떠나면 두 번째부터는 다 똑같다. 더 이상 줄을 세울 필요가 없다. 일등 뒤에 숨어 그저 편히 노닥거리면 된다. 덜 볼 수 있어서 좋고, 덜 느껴도 돼서 편하다.

미술관에서도 비슷하다. 두 번째의 발걸음부터는 무심코 지나쳤던 그림들을 찾아서 다시 보고 비교하는 기쁨을 누릴 수 있다. 남들이 바삐 볼 때 건물 안의 멋진 카페에 앉아 차 한 잔을 고독하게 즐기는 무드 있는 시간을 가질 자유도 생긴다. 13년 동안 매일같이 아침마다 같은 장면을 찍어, 배경은 한결같고 인물만 다른 사진이 4,000여 장이 된다는 영화 〈스모크〉처럼 무슨 의식이라도 치르듯 매일 같은 시간에 같은 카페에 앉아 주변의 거리를 볼 수도 있다. 아, 저기 미술관이 있구나. 아름답군, 하면서.

맥없이 세상을, 세상 사람들을 멍하니 바라볼 수 있는 티켓. 우선 눈이 피곤하지 않고, 억지로 보거나 느끼지 않아도 된다. 이건 현실의 거리뿐만 아니라 영화 속이나 책에서도 마찬가지이다. 두 번째라는 말이 갖고 있는 '숨의 거리'이다. 적당히 떨어진 간격은 고요하게 숨을 쉬는 공간이다.

나는 빈 거리를 걸으며, 좀 어슬렁거리고 싶다.

커피와 담배

학림다방 의자에 앉자마자 울기 시작한다. 크게 소리 내어 울지 않는데도 왠지 울음소리에 슬픔이 가득하고 사랑의 상처가 느껴진다. 그 쓰라림이 전파처럼 전달된다. 나도 모르게 숨을 참는다. 잠시 후, 여자가 코트를 벗자 샛노란 반팔 티셔츠의 모습이 나온다. 한겨울인데, 저렇게 멋진 여자라니…. 그러더니 담배를 꺼내 한 대를 피운다. 아주 시원하고 길게. 속 안의 모든 감정을 독한 담배 연기로 훑어 내려 결결이 헤진 내장에 차라리 통증이라도 주는 듯이. 상처들이 연기에 닿아 다시 한 번 거칠게 쓸리지만, 상관하지 않는다. 내가 '담배'라는 대상을 미적인 시선으로 기억하는 첫 장면이다.

그녀와 담배, 참으로 강렬했다.

짐 자무쉬 감독의 〈커피와 담배〉라는 영화를 보다가 파묻혀 있던 그 장면이 떠올랐다. 이 특이한 이름의 영화는 커피를 마시고 담배를 필 수 있는 아주 작은 공간, 그리고 그 사이에서 일어나는 11가지 코미디이다. 출연 자체로만 화제를 모은 스타들이 나오는데, 좁은 테이블을 사이에 두고 담배를 계속 피우며 커피를 마신다. 이런 순간, 건강을 따지고 들면 대책이 없다. 그리고 이야기를 한다. 대화들이 지적이고 매력적이며 때로는 수다스럽고 엉뚱하기까지 하다. 때론 '무슨 대화가 이래? 너무 시시한 거 아냐?' 하는 생각마저 든다.

농담. 시시하고 맥없지만, 그래서 슬쩍 재미있는.

그 공간은 나른하고 지루한 일상에 달콤한 농담처럼 모든 것을 허용받는 느낌이 있다. 뭐든 해도 좋아, 라는 말을 들을 때의 그 포근한 행복. 금지된 지역으로 들어갈 수 있는 자유의 기분을 실컷 느낄 수 있다. 팍팍한 삶에 쉼표를 건네주는 이 실험적인 영화는 웰 메이드 영화의 완벽함에 지친 이들에겐 숨구멍이다. 원석의 거친 아름다움과 순수함이 사람들의 숨결을 틔워준다. 한 방울의 물이 메마른 영혼에 떨어지는 기분이랄까.

커피, 하면 나는 제일 먼저 이효석이 생각난다. 낙엽 타는 냄새에서 갓 볶아낸 커피의 냄새가 난다던 그 구절은 어느 표현보다 확고한 이미지를 갖고 있다. 낙엽과 커피가, '타는'과 '볶아낸'이 하나로 뒤섞여 새로운 냄새를 끄집어낸다. 낙엽은 땅에 떨어져 제 몸을 다 불태우면서도 커피의 향을 찾아내 주고, 커피는 떨어진 잎이 마지막으로 연소하는 순간까지 냄새로 함께 한다. 이제 그 둘은 떼 낼 수 없다. 작가가 심혈을 기울여 썼든

지나가는 기분으로 가볍게 썼든 낙엽과 커피는 하나의 언어이다.

요즘 카페에 가면 수십 가지의 커피 종류가 메뉴에 적혀 있다. 나는 당뇨가 조금 있어서 무조건 설탕이 들어가지 않은 아메리카노만 마셔야 한다. 선택의 여지가 없다. 그래서 골라 먹는 재미가 없다. 들여다보면 사실 그 세계도 무궁무진하고, 디테일도 대단하겠지만 선택의 자유가 없는 나는 심심하다. 커피 대신 차는 어떠냐고 옆에서 묻기도 한다. 나는 아직 차 맛을 모르고, 그 세계도 모른다. 잘 몰라서 찻집을 덜 선호한다. 모르면 제 손안에 보물을 쥐여줘도 그냥 버리고 만다.

황산 여행 중이었다. 어딜 가나 뜨거운 차를 주었다. 그런데 며칠을 차만 마시니 속이 적응을 못했다. 무언가 상실감마저 느껴졌다. 당연히 있을 줄 알고 커피를 챙겨올 생각을 못했는데 황당했다. 황산 중간쯤 올랐는데, 커피 생각이 너무 간절했다. 그때였다. 앗! 저건! 커피다! 중간 지점쯤에서 장사치가 우리나라 커피믹스를 팔고 있었다. 낱개 한 포를 거의 다섯 배 정도에 팔았지만, 나는 무조건 샀다. 원래의 가격을 알기에 겨우 3개를 샀고, 우리는 그걸 한 모금씩 나눠 마셨다. 최고의 감로수. 많은 연구가가 커피 맛의 적정선을 찾아내어 만들었다는 그 맛. 순간 세계 최고라고 말하고 싶었다.

파리 여행 중 컨디션이 나빠져 누워 있다가, 좋은 소식을 문자로 받았다. 나는 힘이 번쩍 났고, 우리나라 커피믹스를 찾아 타 마셨다. 그 진하고 달콤한 맛이라니! 타국에서 고향을 느끼게 해 주는 존재였다. 그 한 봉지가…. 옷을 챙겨 입고 나섰다. 그날 하루의 시작은 커피의 달콤하고 쌉싸름함으로부터였다. 커피의 위대한 힘이라면 과대포장이겠지만, 사실 그랬다. 때론 커피와 담배처럼 작은 것들이 사람을 위로하고, 그 위로 덕에 앞으로 나아간다.

  설사 몸에는 조금 나쁘다고 해도 정신이 충족되니 꼭 내칠 일만은 아니다. 눈 뜨자마자 목을 축이며 하루를 시작하는 첫걸음이고, 글이 안 써질 때는 잔 안에 생각을 모으게 해 주는 존재이고, 만나서 이야기할 때 서로 마음의 문을 열어주는 열쇠이다. 커피는 우리들의 시간 속에서 함께한다. 게다가 낙엽 타는 냄새를 덤으로 주는데, 멋지지 않은가.

덜컥

알 수 없는 세계로 진입하다

모든 것이 하나씩 차단되고 금지된다. '차단과 금지'라는 말은 우리 삶에서 차단되고 금지되어야 하는 말 중 하나일 것이다. 사람은 본능적으로 차단되는 것에 대해서는 아픔이, 금지되는 것엔 반항이 생긴다. 막으면 분명히 뚫고 싶고, 금지되면 자유로 향하는 마음이 생성된다. 그러나 대놓고 말하기가 낯뜨겁긴 하다. 사람으로 인한 것이 아닌 미생물이 그 원인이란 것을. 우리가 그런 나약한 존재에 불과하다는 사실을 인정해야 한다는 게 자존심을 긁는다.

그러나 사람이 무엇이랴. 어떤 상황에서도 돌파구를 찾고 소통의 길을 찾아내는 미친 존재들이고, 극복 의지로 불타는 희생과 열정을 소유한 숭고한 마음을 지닌 생명체이다. 지난 일 년이야 '내일은 좀 낫겠지' 하는 헛된 희망 고문으로 그냥 흘려보냈지만, 더 이상 양보는 못한다. 우리는 사람이다. 이렇게 맥없이 당하고 있을 수만은 없다는 마음이 꿈틀꿈틀 올라온다.

30년 가까이 다닌 독서회가 있다. 과천 도서관에 속한 독서회로 '밤나무골 북클럽'이란 뜻의 율목 독서회인데, 매주 화요일마다 만나다 보니 식구보다도 더 가까운 사이가 돼 버렸다. 누군가를 30년 이상 매주 만나서 책을 읽고 토론을 하고, 자기의 생각이나 느낌을 서로 나눈다는 것은 현대라는 라이프 스타일에서는 기적이다. 우리를 연결해 주는 것은 '책'이지만, 나누는 것은 '인생'이다. 책이 있는 삶을 함께 공유한다는 것은 인생의 강을 하나 갖고 있는 기쁨이 있다. 그것도 아름다운 강을.

그런데 독서회가 코로나의 먹구름 아래에서 맥을 못 추었다. 매주 화요일 만남의 시간은 증발했고, 우리는 먼 거리에 서서 서걱거렸다. 궁여지책으로 떠올린 게 '그래, 안식년이라고 생각하자.'였다. 한 번도 그런 해가 없었으니 이참에 쉬는 거다. 책도 좀 쉬었다가 읽고, 토론도 기운을 축적해야 잘할 테니 잠시 멈추자. 이렇게 마음을 먹으니 조금 편안했다. 하지만 계속 이럴 수는 없다는 생각에 비대면 라이프 스타일을 선택했다. 줌으로 화상 모임을 갖는 것이다. 그동안 너무 어렵다고만 생각했는데, 막상 해보니 할 만했다.

또 하나의 새로운 세계가 열린다. 그 세계는 나름대로 경제적이고도 네트워크의 장점을 충분히 발휘한다. 사람들은 거미

줄처럼 연결되어 있는 보이지 않는 선 위에서 자기만의 선을 확실히 갖고 새로운 방식으로 소통한다. 헉슬리의 신세계는 왜 그렇게도 절망적인지 한때 가슴이 아팠다. 그에게는 너무 디스토피아의 세계만 들어있다. 나는 희망이 고문이라 해도 희망적인 생각을 멈추고 싶진 않다. 사람은 어떻게든 이겨내고 서로 만난다는 그 생각을 루마니아의 뒷골목 카페거리에서 깊고 진하게 느꼈다. 힘겨운 정치적 상황 속에서도 골목마다 작은 테이블을 하나 놓고 사람들이 차를 마시며 이야기를 나누는 모습이 그 골목길마다 들어있었다. 그 장면이 나는 눈물겨웠다. 여행은 생각지도 못한 곳에서 인생을 덜컥, 불러온다.

책이 있는 삶으로 들어가다

한 통의 편지가 온다.

찰스 램의 《엘리아 수필집》 안에 적혀 있던 여주인공 '줄리엣'의 주소로 온 그 편지 안에는, 남주인공 '도시'라는 남자가 자기가 사는 건지섬에는 서점이 없어서 그러는데, 미안하지만 런던에 있는 서점의 주소와 이름을 알려달라고 쓰여 있다. 그 많은 수필집 중에 찰스 램의 《엘리아 수필집》이라니…. 무엇보다 흥미로운 것은 그 수필집 중에서 〈돼지구이를 논함〉 수필이 압권이라고 썼다. 이 수필은 램의 작품 중에서 내가 제일로 좋아하고, 읽기만 해도 유쾌하고 입안에 군침이 도는 유머가 넘치는 작품이다.

제목이 독특한 〈건지 감자 껍질 파이 북클럽(The Guernsey Literary and Potato Peel Pie Society)〉 영화의 배경으로 나오는 건지섬은 제2차 세계대전 당시 5년간 독일군에 의해 점령당한 땅이다. 영국 사람들도 잘 모르는 섬이지만, 나는 서점이 없다는 말이 마음에 걸렸다. 서점이 없어도 사람이 살 수야 있지만. 책을 파는 곳이 없으니 도서관도 물론 없겠지. 책을 좋아하는 사람들이 책을 못 보는 세상은 숨을 좀 드문드문 덜 쉬라고 말하는 듯하다. 책이야 있든 말든 상관없는 사람들도 분명 있겠지만.

한편 편지의 내용 속에 등장하는 '건지 감자 껍질 파이 북클럽'에 줄리엣이 호기심을 느끼면서, 북클럽 멤버들과 편지를 주고받게 된다. 사실 이 북클럽이 탄생한 이야기도 재미나지만, 평소 책조차 읽지 않았던 사람들이 얼떨결에 북클럽 멤버가 되면서 책을 읽고 토론하는 장면이 내게는 더 인상적이었다. 먹을 식량이 턱없이 모자라는 상황에다 언제 끝날지도 모르는 전쟁의 어두운 고통 속에서 독서를 통해 삶을 승화시키는 모습은 아름다웠다.

한 통의 편지로 시작된 인연은 두 주인공을 이어주고, 결국 줄리엣은 사랑을 찾아 건지섬을 찾아간다. 사실 외면적으로는 사랑이지만 나는 그녀가 '책이 있는 삶'을 택한 것이라고 생각한다. 그곳에는 독서 모임을 하는 사람들이 있고 책을 통해 소통하고 매 순간을 힐링하며 사는, 눈에 보이는 것의 가치가 아닌 눈에 보이지 않는 것들의 가치를 알아가는 삶이 있기 때문이다. 결국, 자기와 같은 삶의 결을 가진 이들과 함께 살아갈 수밖에 없다는 생각이 든다. 겉으로 다를지라도 마음속의 세포들이 같은 동네에 있어서.

그런데 영 잊히지 않는 장면이 있다. 이 멤버들에 대한 한 여인의 반응이다. 그녀는 그 모임의 사람들을 '수다에 목숨을 건 사람들'이라고 표현한다. 그러면서 '잠자코 있으면 중간이나 갈 텐데.'라고 비웃는다. 순간, 마치 내가 비웃음을 당한 것같이 느껴졌다. 혼자 머릿속으로 반박할 말을 골랐다. 그래 뭐 수다스럽다는 건 얘기를 많이 한다는 뜻이고, 자기 생각을 많이 나타낸다는 의미이기도 하니 딱히 틀린 표현도 아니다. 소통하려면 일단 입을 열어 말을 해야 하니 말이다. 침묵이 소통의 또 다른 표현이기도 하지만, 매번 염화시중의 미소를 기대할 순 없으니…. 나는 그녀의 생각도 받아들인다. 책을 읽는 가장 기본은 타인의 생각이나 다른 의견을 듣고 수용하며 다시 한번 사유하는 것이다. 35년의 독서 훈련으로 배운 마음이다.

우리는 왜 책을 읽는가. 더욱 나은 나를 위해서, 언어를 통해 생각을 하기 위해서? 그런데 사유를 하면 우리의 삶에서 무엇이 달라지는가. 뭘 그렇게 사유하지 않아도 살 수 있는데 골치 아프게, 라고 말할 수도 있겠지만. 불구하고 나는 이런 잡다한 사유 하길 즐기며, 그곳의 땅에서라야 진정한 행복이 느껴지는 종족이다. 책을 읽다 보면 글을 쓰지 않아도 마음으로 인생이 써진다. 그래서 오늘도 한 줄, 한 문장을 읽어 내려간다.

춤, 그 멈춤의 힘

아침에 눈을 뜨면, 음악을 고른다. 무슨 곡으로 오늘 하루를 시작할까. 음악이 하루의 무드를 쥔다. 그렇게 30분에서 한 시간을 듣다가, 춤곡을 누른다. 아침 운동 대신이다. 춤을 추다 보면 그날의 컨디션이 확실하게 느껴진다. 몸이 안 좋으면 발이 나가질 않고 가만히 제자리걸음을 한다. 머리로는 이리저리 자유롭게 손을 뻗고 두 발을 마음껏 움직이지만, 실제의 내 몸은 도대체 움직일 생각을 않는다. 반걸음도 내디뎌지지 않는다. 전날 무리한 것이다. 몸은 정직하고, 병은 더 솔직하다. 내가 행한 대로, 움직인 대로 그래프를 확실하게 그려낸다. 춤은 매일 아침 나의 몸을 재는 '자'이다. 때로 측량되는 인생의 무게가 참을 수 없는 모욕을 표시하기도 하지만, 나는 이 우주 앞에서 감사한 마음을 갖고 겸손해지기로 한다.

춤에 관한 두 개의 작품이 대비되어 떠오른다.

〈인생의 춤(The Dance of Life)〉은 얼핏 남녀 간의 사랑에 관한 이야기인 것 같지만, 뭉크의 인생에 대한 깊은 철학적 시선을 보여주는 작품이다. 20대부터 당시 북유럽을 휩쓸던 니체의 사상에 감화된 바 있어서인지, 영원회귀 개념이 이 작품에서 보이는 것 같다. 인생이란 끊임없이 순환하며 머무름 없이 흘러가고 있으며, 그 거대한 흐름에 따라 인간 역시 각자의 춤을 추고 있다는….

뭉크는 많은 노르웨이 중산층이 그러하였듯 여름이면 자신의 거주지 오슬로를 벗어나 해안가의 시골 마을을 찾아 휴가를 보냈다. 노르웨이 해안가의 야외 연회장이다. 해가 지지 않는 백야, 사람들이 잠들지 않고 숲의 정령들처럼 춤을 춘다는데, 나는 사실 그림의 전체 분위기가 너무 어두운 정조(情調)라 기묘하게만 느껴졌다.

오슬로의 느낌을 다시 떠올려 본다. 여행하느라 노르웨이 시골 지역을 돌아다니다 보니 도대체 사람 구경을 할 수가 없었다. 산과 피오르와 양과 깨끗한 물만 실컷 만났다. 아름다운 자연도 사람을 지치게 하는구나, 싶었다. 나는 역시 도시인이다. 사람이, 사람들의 시끄러운 소리가, 천정 여기저기에 닿았다가 내려오는 웅성대는 소리가 가득한 방으로 가고 싶었다. 오슬로 호텔에 도착하니 그런 소리가 사방에서 들려왔다. 아, 사람들의 소리이다. 그제야 숨을 돌렸다. 식당 안의 열기, 재잘거림, 웃음, 이야기들이 마구 떠다니며 행복한 소리를 내었다. 그날 밤, 내 가슴에 들어와 있던 소리는 행복한 꿈으로 밤을 가득 채웠다.

앙리 마티스의 〈춤(Dance Ⅱ)〉은 그림을 꾸준히 사들이던 러시아의 부호 세르게이 시츄킨(Shchukin)의 의뢰로 탄생한 걸작이다. 마티스 예술의 진수인 단순성과 강렬함이 극대화된 작품이다. 푸른 하늘과 녹색 언덕이 극도로 단순화되었고, 다섯 명의 무희는 강렬한 붉은색으로 도드라져 있으며, 서로 손을 맞잡고 돌아가는 무한의 생명력을 만들어 냈다. 땅을 밟고 있지만 발뒤꿈치가 모두 들려 있어 금방이라도 공중으로 날아오를 것만 같은 환상에 빠진다. 마티스가 유일하게 간직하고 싶어 했던 자신의 그림이다.

남프랑스의 마티스 미술관에 갔을 때 놀란 생각을 하면, 지금도 가슴이 뛴다. 사실 나는 그 정도의 화가인 줄 몰랐다. 무언가 새로운 대상이 펼쳐내는 신세계란 늘 놀랍고 경이롭기까지 하다. 마티스는 다른 화가들과 완전히 다른 그만의 예술을 창조하려고 애쓴 화가이다. 끊임없이 탐구하는 사람. 일관된 단순함과 강렬함으로 자신의 감정을 표현하였다. 미술관 전체에서 그의 이런 느낌이 가득했다. 그리고 맨 마지막 회랑을 돌 때 보았던 한 점의 조각상을 눈에 깊게 담아서 돌아왔다.

누워있는 예수상. 그 순간의 나는, 춤보다는 누워있는 예수상이었다.

슬쩍 지나가기 쉬운 구석에 자리 잡은 그 작품은 말을 건네기 어려운 아우라가 풍겨 나왔다. 말을 넘어서는 말이 마음에 고였다. 말은 때로 인식의 문을 닫아버린다. 말이 끊어진 순간 속에 나는 잠시 서 있었다. 언젠가 나주의 운주사에서 보았던 숲속의 와불의 편안함이 느껴졌다. 저 절대적 존재들도 세상의 바람으로, 사람들의 기도로 피곤해진 몸과 마음을 잠시 내려놓아도 좋겠다는 생각이 들었다. 때로 너무 피곤해 보여서 말이다. 광대무변의 절대적 존재나 진리이자 빛이라도 쉬고 싶지 않겠는가. 멈춤의 힘으로 앞으로, 미래로 나아간다. 멈춤은 새로운 시작이다. "꽃은 멈춤의 힘으로 피어난다."는 백무산 시인의 시 구절처럼…. 멈춤이 꽃을 피우게 할지도 모른다. 멈춤의 언어 안에 시작이라는 반향의 그림자가 숨어서 나를 지켜본다.

오늘 아침은 춤을 쉰다. 몸에 달린 손과 발이 멈칫거리고 자꾸 움츠러든다. 아, 몸이 쉬고 싶구나. 좀 멈췄다가 오후에 하자. 그러면서도 마음은 춤을 춘다. 우아한 왈츠나 경쾌한 바차타, 탱고, 살사 비슷한 몸짓들을 머릿속으로 그리면서…. 음악만 제 혼자서 신나는 아침이다. 여덟 알의 약을 넘기며 웃는다. 뭐라도 신나니 참 다행이로군.

노트북, 키보드, 손가락
―다큐 영화 〈책, 종이, 가위〉

친한 후배가 유명한 다큐 작가이고, 그의 남편이 다큐 감독이다. 얼마 전 돌연하게 우리 곁을 떠난 후배 박 PD도 안팎으로 인정받는 독립 다큐 여성 감독이었다. 다큐를 찍으면서 겪는 고충과 어려움, 열악한 제작 환경에 대해 직접 들으면서, 이 낯선 세계가 궁금해졌다.

나는 방송 쪽에서는 라디오 드라마를 썼기 때문에 다큐의 세계는 사실 잘 모른다. 생각해 보니 내 주위에는 늘 다큐 하는 사람들이 있었는데, 관심이 없으니 보이지 않았던 것이다. 그렇게 지나쳐버린 일들이 얼마나 많았을까.

다큐 영화 한 편을 보았다. 〈책, 종이, 가위〉. 신선하고 색다른 제목이 시선을 끈다. 일본 출판계의 존경받는 북 디자이너 기쿠치 노부요시에 대한 이야기이다. 디자인 작업이 디지털 기기를 통해 이뤄지는 시대에도 오로지 종이와 가위만으로 평생 1만 5,000권에 달하는 책 표지를 제작해 온 남자. 마치 사랑하는 연인의 살갗을 만지듯 책의 표지를 대하는 그의 태도는 뭘 저렇게까지 할 정도로 일반 상식의 수준을 넘는다. 예술적이라기보다는 탐미적이라는 게 더 어울릴 만큼 초집중의 정신이다.

책이란 무엇인가. 혼을 담는 예술가의 모습이란 어떤 것인가. 이런 물음이 절로 나온다. 종이책을 사랑하는 사람에게는 더할 나위 없는 영화이다. 아직 전자책과 친해지지 못하는 나에게도 포근한 느낌이 든다. 다큐인데 에피소드가 책처럼 챕터가 나누어져 있어서 익숙했는지도 모르겠다. 한 마디로 영화의 구성이 남달랐다.

영화 입봉을 앞두고 제작 중인 후배 감독에게 이 영화를 소개하며 이야기를 나누다가, 뉴스와 드라마, 다큐에 대해 물어보았다. 그녀는 다큐란 '기록하는 것'이라고 말한다. 뉴스가 객관적인 사실이나 정보를 전달하는 데에 목적이 있다면, 다큐는 우선 만드는 사람의 시선이나 주제성을 갖고 주관적으로 재구성하는 것이다.

그런데 우리나라에서는 실험적인 다큐는 개봉관까지 가지도 못할 뿐만 아니라 일반 관객들이 볼 기회조차 없는 게 현실이라는데…. 미국에서는 공적자금으로 독립 다큐나 실험적인 다큐들을 볼 수 있는 시스템이 운영되는 모양이다. 우리나라 현실과 큰 거리가 있다.

그만큼의 문화적 차이도 분명 생길 것이다. '실험'이 인정되지 않는다는 것은 새로운 문화나 예술에 대한 도전이나 미래지향적이지 않다는 말이기도 하니까. 새로운 실험을 인정하고 아껴주는, 실험정신이 살아있는 사회가 부럽다.

  노트북을 켜고, 자판기를, 손가락으로 치기 시작한다. 언젠가 만약 내가 다큐로 찍힌다면 스텝들은 무엇을 구성하고 말하고 싶을까. 다큐 세계에서의 나의 모습은 어떨지 상상해 본다.
  내레이터의 목소리로 들려지는 당신의 인생 다큐는 어떻게 그려지면 좋겠습니까.

김녕 바다, 속울음의 꽃이 피다

김녕의 바다가
슬그머니, 따라와
말없이 곁에 서더니
어쩔래, 하고 묻는다.

제주의 해변 길을 걸었다.
  길은 바다로 구불거리며 이어졌다. 바다와 땅을 가로막아주는 경계가 없어서인지, 바다와 땅이 서로의 품속으로 깊게 스며들었다. 땅이 너무 낮아서인가 바다가 성큼 들어와 있는 게 낯설고 수상쩍다. 김녕의 바다는 누구 하나라도 맞이하겠다는 듯 물가를 연신 적시고 있었다. 슬쩍 엿보며 걸어 들어갔다. 순간, 나를 향해오는 알 수 없는 형체의 바다 파동이 가슴에 단박

들이닥쳤다. 등골이 선뜩해져 천천히 사진을 찍었다. 머리 위엔 하늘이 더할 수 없이 맑았고, 태양은 머리끝 정수리를 따스하게 비추는 날이었다.

렌즈를 대기만 해도 하나의 풍경이 되는 바다에 서서 우리는 서로를 보며 웃었다. 하늘의 해는 눈부신 날을 마련해 주느라 자신의 몸에서 빛을 실처럼 뽑아내고 있었다. 그 실타래기 빛들이 우리들의 머리와 어깨, 발끝까지 얹히어 우리의 몸이 하나의 '빛'이 되었다. 존재마다 빛에 휘감기니 우리가 변하고 세상이 따라 변하기 시작했다.

화이부동和而不同.

전 우주가 부드러움과 조화를 이루며 함께 움직인다. 우주가 바로 사람이니까. 우주의 운기運氣란 것도 사실 이 세상 사람들의 기운들이 모여 이루어낸다는 말을 '물리학과 불교' 강의에서 들었던 기억이 난다. 인간의 머릿속에서 나온 관념과 물리학적인 시각의 간극도 다만 우리의 분별심일 뿐이다. 모든 건 그 밑바닥이나 머리 위의 텅 비어있는 공간에서 서로 통해 있는지 모른다. 태초의 혼돈은 그저 혼돈이 아니라 생명이 뿜어내는 용트림이다. 회오리처럼 생성되고 있는 생명이 담긴 우주라는 커다란 물 양동이. 그 우주가 어찌 변할지는 오직 사람에게 달렸다. 한 줌도 안 되는 사람의 마음과 몸짓에….

마침내, 바닷가에 섰다.

바닷물이 우리가 서 있는 땅에 곧장 이어져 넘실대고, 나는 그 물결 위에 뿌려진 영혼들을 설핏 느낀 것도 같다. 조금 전 바다로 걸어 들어오면서 잠시 환영처럼 보았던 장면에 두 눈이 사로잡힌다. 세 발자국이면 되겠군. 일단 미끄러지면 아무도 못 잡을 테니…. 너무 쉬운 거 아냐? 찰나의 생각이 스치고 지나갔다. 겨우 세 발자국에 생과 사가 달려있다는 게 우습고 시시했다.
 '겨우 세 걸음이야. 너를 힘들게 하는 열정도 고통도 단숨에 다 내려놓을 수 있지. 두려워 마. 세 걸음이면….'
 나는 귀를 막았다. 그녀들을 힘들게 하는 몹쓸 짓은 못해. 혹시 때가 되면 혼자 올게. 나는 아직 인생의 가장 아름다운 순간을 놓치고 싶지 않아. 혼신의 힘을 다해 집필한 마지막 작품 《인간 실격》을 쓰고 자살을 한 다자이 오사무처럼 젊지도 않은데, 최고로 아름다운 순간에 자기의 생生을 버리는 용감하거나 무모한 일을 벌일 순 없겠어. 멜랑콜리한 기분만으로 나의 삶을, 나의 마지막을 결정짓기엔 나이가 제법 들었거든. 우주의 순환을 조금은 알아먹는 나이가 됐다고. 내가 늙고 있으니 천천히, 아주 천천히 한참을 놀다가 오렴. 파킨슨 씨가 늙어 허리가 고부라질 때까지 기다려.
 목울대가 갑자기 뻣뻣해진다.
 어이없게 눈물도 준비를 해댄다. 그것만은 제발….
 '아, 이러면 안 되는데. 아침이잖아. 눈부시게 밝은 태양이 비치는 아름다운 날이라고. 게다가 혼자도 아닌데.'
 그 바다에 아마도 못다 핀 영혼의 꽃이 있었나 보다. 순간,

그들이 나를 부르는지 바다가 부르는지 모르겠지만, 소리가 가슴 안을 헤치고 다가왔다. 사이렌처럼 유혹하러 왔던가. 하지만 나는 선배의 어깨에, 가슴에 기대어 그저 울었다. 울음은 울음을 불러온다. 한동안 꼭꼭 숨겼던 속울음이 한꺼번에 터져 나왔다. 그래. 울자, 울어버리자. 이곳 제주에, 김녕 바닷가에 다 뿌리고 가자. 저 깊고 푸른 바다 밑에 깊숙이 담가두고, 내 땅에 가서는 시치미를 뚝 떼고 잘살아 보자. 누구라도 눈치 못 채게 살그머니 살아내자.

아무도 묻지 않았다. 왜냐고. 왜 그러느냐고. 묻지 않는 그들이 고마웠다. 말로 못할 것도 있고, 아무것도 말할 게 없기도 하고, 말하고 싶지 않기도 하니까. 그 자리에서 삶과 죽음이 어떻다고 말할 수 없고, 세상에 살아있어도 내게 죽은 사람이나 마찬가지인 가슴 아픈 만남을 떠나보내기도 하고, 맥없이 어느 날 세상을 떠난 선배에 대한 진혼곡으로 흘린 눈물이라고 말할 수도 있겠지만, 나는 '바다가 부르는 소리'에 단순히 울었던 것이다. 죽은 영혼이나 살아있는 영혼, 모두의 아픈 삶이 서럽고 서글퍼서…. 속울음마다 아픔이 묻어나오고, 그 자리에 꽃봉오리가 맺혔다.

고통은 남이 모른다지만, 남이 위로해 줘서 우리는 살아갈 수 있다. 그날 아침, 바닷가에서 건네준 아홉 명의 깊은 위로는 나를 바다의 소리에서 건져내었다. 가슴으로 잡아준 손을 나는 놓치지 않았다. 그녀들의 가슴이 하도 따스해서 꼭 잡고 땅 위에 발을 굳게 내디뎠다. 아마 혼자였다면 알 수 없는 일도 생길 수 있었으련만….

내 마음의 정원이 그녀들이 피운 꽃들로 가득 찼다. 향기가 바다에까지 닿았던가.

바다가 나를 쳐다보며 말했다.

아직은, 아냐. 그들 속에 서서 함께 태양을 보며 웃어야 할 때야. 꼭 기억해. 혹여 내가 불러도 오지 마. 이 세상이 변한다 해도 두 다리를 땅에 굳건히 디디고 살아. 그걸 말해 주려고 너를 불렀어. 너의 기운을 이 우주에 내보내서 부드럽고 맑은 기운으로 가득한 세상이 되도록 힘을 보태. 할 수 있지?

비밀의 열쇠

"네 엄마는 사랑을 사랑하는 여자이지. 놀랄 만큼 멋진 여자이지만 함께 사는 게 피곤하고 힘들어. 나는 그저 평범한 삶을 원했단다. 너를 버리고 와서 미안하다."

영화에서 이 말을 듣는데 왠지 찡했다. 책 속에서는 찌질한 이미지로 나오지만, '평범한 삶을 원했다'는 그의 말이 절실하게 느껴져서이다. 때론 서로 감당이 안 되는 인연이 있는 법이다. 누가 옳고 틀리고가 아니라 그저 맞지 않을 뿐. 각자가 좋은 대로 자기의 행복을 찾아가는 게 인생의 슬픔이 될지언정, 누군가는 그 길을 간다.

《레이버 데이》는 아내를 죽인(실은 과실치사) 탈옥수와 세상에 나가기를 두려워하는 상처 많은 한 여자, 성에 관한 호기심이 한창인 14세 소년이 노동절 연휴를 어쩔 수 없이 함께 지내는 이야기다.

 더운 여름날, 세 사람의 삶이 갑자기 뜨거워지기 시작한다. 6일간의 길고도 짧은 시간이 그들 앞에 놓여 있다. 그러나 아직 모른다. 그 시간이 의미하는 인생 숲의 비밀을. 깊은 곳에 숨어 있던 비밀이 밀어密語를 흘려보내기 시작하고, 어두운 밤에 그들은 한없이 방황하고, 자기의 삶을 선택하느라 흔들린다. 아니 삶의 시간이 그들의 영혼을 마구 흔들어댄다.

 특수한 상황의 만남이지만 작가는 섬세한 문체와 깔끔한 상황묘사로 독자를 그 속에 빨려들게 할 뿐 아니라, 어느새 여주인공과 14세 소년, 탈옥수가 행복한 새 가정을 이루도록 마음속으로 빌고 있는 걸 느끼게 된다. 그러다 소년의 아버지이자 아델의 전 남편이 아들과 밥을 먹으면서 고백하는 맨 앞줄의 이야기에 나는 느닷없이 충격을 받은 것이다.

 이 책은 한 면으로는 서로 진정한 사랑을 찾고, 그 사랑을 위해 참고 견디며 결국은 사랑을 완성하는 이야기이지만, 나는 그 속에 다른 물줄기가 숨어 있다고 보았다. 삶의 한가운데에서 성장해 가는 14세 소년 헨리의 이야기는 프랑수아즈 사강의 《슬픔이여 안녕》을 떠올리게 한다. 바람기 많은 아버지 레이몬드와 새로운 연인 요조숙녀 앤의 사이를 깨뜨리고, 결국 앤의 죽음으로 파국을 맞게 된 세실. 거울을 보며 "슬픔이여 안녕(Bonjour Tristesse)!"이라며, 이제 남은 삶에서 겪어내야 할 깊은 슬픔과 첫인사를 한다. 슬픔이 늘 고귀한 것처럼 보이지만, 현실에서의 슬픔은 아프다. 인생은 결코 제 속에 품고 있는 비밀을 미리 알려주지 않는다. 그 열쇠는 현관 앞의 카펫이나 화분 안, 그 어디에도 숨겨져 있지 않다. 그저 다가오는 삶을 고스란히 겪어낼 수밖에 없다.

14세의 소년 헨리는 말한다.
"나는 그를 배신했어. 내가 자기를 배신하지 않을 거라 믿는 남자를⋯. 하지만 나의 삶을 다치게 할 수는 없지. 빼앗기지 않을 거야. 어쩔 수 없잖아. 내가 그들의 사랑의 시간을 훔쳤어. 결국, 우리 모두의 삶을 바꿔버렸지."
자기가 한 행동으로 프랭크에게서 한 생을 빼앗은 것만이 아니다. 그를 사랑한 엄마와 함께 보낼 수도 있었던, 인생의 아름답고 찬란한 '시간'을 빼앗았다는 것에 후회하고 절망한다.
어쩔 수 없는 절실한 선택. 누구라도 헨리의 결정에 쉽게 등을 돌릴 수는 없을 것이다. 그 모든 것을 알기엔 너무 어리고, 시간은 얼어붙을 만큼 냉정하다. 되돌아가는 시간은 없다. 무엇이든 결국 자기가 선택한 방향으로 삶은 도도히 흘러간다. 그저 묵묵히 흐를 뿐 옳고 그름의 자를 갖다 댈 이유도 인생 심판관의 눈치를 볼 필요도 없다. 하나 무섭도록 톡톡히 선택에 대한 대가를 어깨에 메고 걸어 나가야 한다. 그 무게에 짓눌리기도 하고 괴로울망정⋯.
포기하지 않는 사람도 있고, 종내에는 어깨의 짐을 내려놓고 허허롭게 떠나기도 하겠지만, 모두 '삶'이다. 시시포스가 슬쩍 다가와 어깨를 툭, 친다. 그가 웃는다. 그리고는 바위를 밀면서 산으로 올라간다. 우리 인간을 위로하는 유일한 신 같은 인간. 그의 위로에 눈물이 난다. 때론 눈물도 힘이고, 아직 울 수 있는 것도 행복이다. 일어나 또 걸어보는 거다.

우리는 가끔 너무 늦게야 삶의 비밀을 깨닫는다. 하나 종착역 부근에서 눈치채지 말고, 조금 이른 시간에 알아챈다면 삶이 달라질 수도 있으려나. 달라진다고 특별히 나을 건 없다 해도, 나는 달라지는 삶에 한 표 던진다. 달라지는 순간 꽃 한 송이가 활짝 피는 소리를 들을 수 있을까 봐. 아니 듣고 싶어서. 소리도 없이 피는 꽃의 순간적인 아름다움, 그 안에서 새어 나오는 생명의 소리를….

편지가 도착할 예정이다. 봉투를 열면, 이렇게 쓰여 있을.

"오늘 하루, 당신에게 비밀의 열쇠를 건네 드립니다."

4부

기억의 빛깔

스너프킨과 식탁에 마주 앉다
먼저 흔들리는 나무
저만치 산마을에 별이 내리다
우리 동네 문고리 시인
잠시 요정의 집에 살았다
기억의 숨은 빛깔
가지 않는 길이라서 아름다웠을까
당신이 모르는 어딘가에서
안녕 파킨슨 씨

스너프킨과 식탁에 마주 앉다

하모니카 이외에는 아무것도 소유하지 않지만 삶이 즐거운 친구. 뭔가를 소유하는 걸 좋아하지 않는 대신 세상의 모든 것으로부터 자유로움을 얻는 자유인. 매년 가을이면 방랑의 길을 떠났다가 봄의 첫날, 무민 계곡으로 돌아와 친구들을 만나는 근사한 존재. 혼자 사는 게 외롭지 않느냐고 묻자 "오늘은 여기에, 내일은 어딘가에."라고 답하는 방랑객. 원한다면 무민 가족과 함께 살아도 좋다고 하자, 숲이 이미 집인데, 하며 싱긋 웃는 숲속의 디오게네스. 하모니카를 들고 이 세상에서 들어본 일이 없는 멜로디를 연주하는 숭고한 예술가. 그의 이름은 스너프킨!

마치 살아있는 존재처럼 가슴으로 훅, 하고 들어왔다. '스너프킨(snufkin)'은 핀란드의 유명한 작가 토베 얀손(Tove Jansson)이 쓴 동화 《무민 계곡의 이야기(Stories from Moomin Valley)》에 나오는 무민 가족의 친구이다. 나는 그가 무심히 던진 말 한마디에 느닷없이 죽비를 맞는다. 이런, 겨우 동화책이고 동화 속에서도 주변부 인물인데….

"네가 따라가는 것을 소유하고자 하면 모든 것이 복잡하게 된다."

나는 내 안에서 무언가를 불러낸다. 다이몬, 나의 분신, 또 다른 자아 같은 것들을.
그들에게 묻는다.
"너희들도 그래?"
"뭘?"
"소유."
그들이 망설인다. 내 눈치를 보는지도 모르겠다. 그대로 말했다가는 혹시나 놀랄까 봐서 그런가. 그냥 냉정하게 말해. 피가 튀기도록. 아니 이젠 나이가 들어서 감당하지 못할 수도 있는데, 어쩔까. 이번엔 내가 망설여진다. 우리는 서로를 너무 아낀다. 살아가야 한다고 생각하니까. 무릎이 꺾일 만큼이야? 그들이 주춤거린다. 나는 등짝을 친다. 솔직히 말해, 어서!
무소유의 방랑자 스너프킨이 허수아비 밀짚모자를 쓰고, 나를 쳐다본다. 소유를 포기해. 나중에 골칫거리 된다니까, 라며

시니컬하게 웃는다. 그때 내 안의 무언가가 불쑥 나선다.

너, 소유하는 거 좋아하잖아. 아니 많지. 생각해 봐. 넘치잖아. 집안에 물건들이 가득하지. 옷을 무척이나 좋아해서 패션 디자이너 아들이 독립해 나가자마자 큰 옷장이 네 옷으로 가득 차기 시작했잖아. 이젠 넘쳐서 터질 지경이야. 패션쇼에 나갈 참이야? 넌 작가이지 모델도 디자이너도 아니라니까. 버려, 다 버려. 사지 마, 아무것도 사지 마. 무일푼이 되면 안 사려나. 아무리 옆에 있는 사람들에게 나눠 줘도 소용없어. 지구 환경을 위해 제발 멈춰.

"너는 지금 무엇을 따라가고 있는 거야?"

오해하지 마. 나는 욕심이 없어. 소유욕이라기보다는 패션을 즐기는 거지. 즐길 수야 있지 않아. 그것도 못해? 인간인데 뭐라도 하나 정도는 즐길 자유와 권리가 있는 거 아냐. 명예로운 이름을 얻는 것? 뭐 조금은 그렇지. 내가 명예를 좋아하긴 하지. 아픈 뒤로는 내게 의미가 다 없어졌다고 말하면 멋있을 텐데, 그건 싹 못 버리겠네. 아직은. 어쨌든 솔직히 말해서 사실 명예욕은 좀 있어. 명예로운 삶을 살고 싶거든. 그건 자존심과 연결되어 있고, 가치관과도 이어져 있어서 말이야.

뭘 따라가냐고? 알다시피 나는 작가야. 당연히 책 읽고 글 쓰고 가르치는 삶을 따라가지. 멋지게 말하면 가치 있는 일을 추구한다고나 할까. 가치. 나 그거 아주 좋아하는 말이야. 원고를 다 쓴 뒤에 깨끗하게 프린트 되어서 나오는 종이를 보면 기분이 확 좋아져. 삶의 시간을 통과해서 인쇄되어 나오는 책의 냄새를 맡는 게 미치도록 황홀해서 글을 쓰는지도 몰라. 두근두근하거든. 누구도 못하는 그 신비로운 심장의 고동을 힘차게 울리게 만들어. 그 소리를 옆에서 듣는 건 신비한 일이야. 한 줄씩 쓸 때는 별것도 아니었는데, 그 한 줄들이 생명이 들어있는 한 권의 책이 되는 일은 근사하다니까. 내 가슴의 반은 거기에 들어있고, 나머지 반은 내 머릿속의 핏줄기가 채우고 있지. 머릿속이 어떻게 될지 아무것도 모른 채로 매일 머리를 쓰고 있어. 이렇게 글을 숨차게 따라가고 있어. 하지만 나에겐 그게 자유로운 삶이야. 너와 종류가 다를 뿐이야. 어떻게 생각해?

"아직도 따라 다니고 있구나. 글을 따라가지 말고, 손이 따라오게 해봐!"

밤이다. 스너프킨이 일어나 하모니카를 불며 숲으로 들어가고, 내 안의 분신들은 몸 안으로 들어가 문을 닫고, 나는 침대로 자러 들어간다. 내일은 내일의 태양이 뜰 것이다. 달도 차오르고, 꽃도 분명 피겠지. 이 따라쟁이는 앞서 산 사람들을 따라 살겠지만, 그것도 아름다울 것이다. 하늘 아래 별거 없고, 별사람 없었으니. 우주 만물이 고요히 흐르고, 별빛이 스친다. 아침이 길가 끝에서 깊은 잠을 따라오고 있다.
노트북의 불빛이 밤새 제 혼자 불을 깜박거린다.

먼저 흔들리는 나무

과천 미술관 앞, 나무 사이로 바람이 분다.
나무가 흔들린다. 바람이 눕는 대로 마구 같이 흔들린다.
아니 저 나무, 바람이 오기도 전에 먼저 흔들렸던 것 같은데
채 오지도 않았는데 먼저 흔들리다니.
아니 어쩌려고 그런 마음을 먹나.

가슴 안에 바람을 가득 담고 다니던 시절이 있었다. 적막한 삶의 계곡을 지날 때, 시인 베르길리우스가 곁에 있질 않아서 홀로 걸어가야 했다. 어둠으로 앞이 보이지 않는 그 계곡에서 나는 차라리 눈을 감아버렸다. 어쩌려고 하며 묻는 사람도 없었지만, 설사 있다고 해도 단테처럼 스승 베르길리우스를 안내자로 삼지 못했을 것이다. 곁에 무엇을 두고 싶지도 않았지만,

날카로운 신경 다발이 도움받는 것조차 거부하던 나이였다. 삶의 바람은 혹독하고 예민했다. 젊었고, 늙었다.

  바람이 몸에 가득해지면 마음의 바람도 따라서 차오른다. 이런 바람은 아리도록 시리다. 슬픔이 바람결마다 바짝 붙어있다. 마음 한쪽 한쪽을 펼칠 때마다 슬픔이 튀어나와 사람들에게 붙는다. 목덜미에, 손등에, 마음에 슬쩍 붙어 설렁댄다. 슬픔은 제 슬픔이 서러워 남의 손을 덥석 잡는다. 그 잡은 손을 놓칠세라 대나무 사이로 걸어 들어가면, 바람도 넙죽 따라가 대나무의 잎사귀를 흔든다. 잎이 흔들릴 때마다 소리가 달아난다. 달아난 소리는 이쪽저쪽 나무에 부딪히다가, 한순간에 사방에서 쏟아져 나온다. 소리의 반향反響이 음악이다. 바람이 만들어 내는 자연의 소리가 천상의 소리로 화化하는 순간에도 절대 음이 숭고함을 가져오지는 않는다.

  '휴, 다행이다.'

  숭고함에 지쳐본 자는 그 그늘 아래에 들어서지 않는다. 지나치면 이 순연純然한 음악을 쓱 지나칠지도 모른다. 자연을 닮은 삶이 편하다. 나이 듦인가, 경계를 넘어서는 인생의 눈이 떠진 탓일까. 글쎄, 안 떠지면 또 어떠랴. 서두를 일이 뭐 있나. 복잡하고 세분화되는 나노 시대에서 '단순하고 가벼운 삶'이란 쉽지 않은 화두이다. 아니 화두조차 잊어버리는 시간이 필요한 아침이다. 그저 찬란한 태양과 소박한 밥상, 음악 한 곡, 책 한 구절, 살랑대는 바람이면 하루를 시작하기에 족하지 않을까. 저 바람이 보내는 암시나 기호를 생각하는 마음조차 뒤로 하는 하루였으면.

먼저 흔들리는 나무라니
얼마나 오랫동안 바람을 만나지 못한 걸까
애타는 마음이 바람 한 줄기에 걸려
식었으면
꽃이 피었으면.

저만치 산마을에 별이 내리다

안경을 벗고 보는 세상은 다소 몽환적이다. 환상의 불빛들.

생각지 못한 풍경에 잠시 멍해진다. 청계산 산줄기 도로를 따라 달리는 차량의 흐름만 머릿속에 담았기 때문일까. 10년 만에 과천으로의 귀향에 마음이 들떴나 보다. 한밤중에 깨어 밖을 내다본 순간, 나는 '이런' 하고 놀라고 말았다. 산마을에 불들이 촘촘히 켜져 있다. 집마다 하나씩 둘씩 켜진 불빛은 마치 크리스마스트리를 장식한 듯, 좀 심하게 묘사하면 천국처럼 느껴지기까지 한다.

낮에는 단순한 집들인데 산마을 집 하나하나마다 불이 들어오니, 그 불빛이 여간 아름다운 게 아니다. 집마다 사람들이 자기의 등불을 켜고 그 밤을, 저 길고 어두운 밤을 지켜내는 느낌이 가슴으로 한꺼번에 들이닥친다. 불빛은 불빛끼리 모여 더욱 더 밝게 빛나고, 별들이 산 마을에 온통 내려앉은 듯하다. 사람들이 한창 잘 시간인 새벽 3~4시경 별들은, 산 마을 집들의 지붕 위에 내려와 쉬었다 가는지도 모른다. 별들의 가슴에 사람들의 이름을 명패처럼 하나씩 새겨놓고, 사람들의 눈꺼풀에는 편하게 자는 잠의 묘약을 발라주고, 자기는 꼬박 그 밤을 샌다.

'잠이 안 오거나 잠들지 못한 이들은 더러 그 별들이 밤의 줄기를 잡고 내려오는 장면을 볼 수도 있겠지. 하나 설익은 잠을 자다가 일어난 터라 꿈이라도 꾼 것 같을 거야. 사람들이 피곤하고 지쳐 잠든 밤을 별들이 지켜주는 줄 알면 일어나 악수라도 청할까. 세상에서 가장 황홀한 별들의 향연을 지켜본 사람은 그 밤을 하얗게 새며 글을 쓰거나 그림을 그리면서, 영혼의 감촉을 만져볼지도 몰라. 소망의 꿈을 꾸는 것도 좋겠지.'

잠시 환상의 세계로 흘러 들어갔던가. 양어깨에 깃털을 단 것처럼 몸이 가볍다. 순수하고 맑은 결정체를 내 손 안에 놓았다가 내려놓은 기분이다. 그런데 아쉽다기보다는 그런 감촉이 손안에 온기처럼 남아있는 게 감사하다. 때로 환상은 현실을 위로하고 따스하게 덮어주기에 더러 그 아슬아슬한 경계까지 다가가는 건 아닐까. 뜻하지 않은 장면에 마음은 깊이 울린다.

안경을 끼고 다시 보는 세상은 왠지 애잔하고 슬프다. 흔들리는 불빛들.

늘 그렇다. 어느 한 곳에 시선이나 이미지가 닿으면 금방 생각이 고정되고 마음에 틀이 새겨진다. 서랍형 인간의 전형적인 모습이랄까. 집 청소나 정리도 귀찮고 지겨운데, 마음속 생각마저 정리해서 넣어두어야 한다니. 그래도 틈은 있다. 삶은, 감사하게도 오늘처럼 생각지도 못한, 뜻하지 않은 장면들을 연출해 주며 우리를 달래준다.

생각해 보면 나의 의도나 계획한 대로 고스란히 옮겨지는 일은 거의 없었다. 언제나 새로운 장애물이나 복병이 숨어 있다가 돌부리처럼 튕겨 나왔다. 때로는 걸려서 넘어지거나 힘들게 장애물들을 넘어야만 했다. 힘드니까 장애물이라 부르겠지만, 거꾸로 장애물이라 부른 것들이 오히려 더 힘이 되는 경우도 많았다. 삶은 일정한 형태나 고정된 틀이 없이 자유롭게 부유하며 돌아다녔고, 그 떠도는 조각들을 붙잡아 나의 것으로 형태를 잡아가는 훈련과 기술이 필요했다. 한쪽 면만 바라보지 말고 다른 쪽도 바라보아야 균형이 잡힌다는 걸 머릿속에 넣어보지만 자꾸 잊는다. 모든 사유가 몸에 굳은살처럼 박혀야 할 텐데, 자꾸 흐느적거린다. 옳다고 믿는 진실이나 진리도 가끔은 그 뒷면을 정면으로 응시해야 한다는 사실은 왠지 가슴보다 머리에만 슬쩍 지나가고 만다.

새벽이 밝아오는 이 시간, 나는 일어나 창밖을 내다본다. 차들이 헤드라이트를 켜고 질주한다. 그 흐름이 속절없이 새큰하다.

'이런 새벽에도 어디론가 달려가는 차들이 많구나. 먹고 살기

가 힘드네.'

　균형이니 시선이니 하는 말들이 현실 앞에서 문득 사치스럽게 느껴진다. 잠시 세상의 모든 불빛을 향해 기도한다. 이 힘들고 험한 세상에서 자기를 지켜내는 눈물겨운 그 작은 불빛들을 위해 눈을 감는다. 나도 내 가슴의 등불에 불을 댕긴다. 저만치 산마을엔 아직도 별이 내리는 소리가 사락사락 들려오고.

우리 동네 문고리 시인

그녀를 떠올리면, 우리 집 문고리가 생각난다. 이른 아침 밭에 갔다 오다 무언가 뜯어서, 혹은 자기 집에 선물이 들어오면 나눠 먹자며 문고리에 걸어두고 간다. 나는 우거지를 삶아서 주면 넓은 뚝배기에 된장 한두 숟가락 넣고 식용유를 넉넉히 둘러, 바글바글 끓인다. 그리고 흰 밥에 얹어 맛나게 먹으며, 그녀의 마음도 함께 삼킨다.

시도 써야 하고, 잡지도 만들어야 하고, 기타도 배워야 하고, 무엇보다 술을 마시며 삶을 이야기하느라 늘 바쁘다. 시에서 땅 냄새, 사람 냄새가 난다.

그녀는 '우연히'를 좋아한다. 어떤 정해진 약속보다 동네마트에서 부딪치거나 쓰레기를 버리러 나왔다가 만나는 걸 반기는 우연의 여자이다. "5분 뒤에 우리 집으로 와요."라든가 "10

분 뒤에 언니 집으로 갈게요."라며 분장할 틈을 주지 않는 맨얼굴의 시인이다. 그런 마음의 밑바닥에는 '안 되면 말지' 하는 담담함과 초월의 감정이 혼재되어 있을 것이며, 약속에 대한 불안이나 두려움이 붙어있는 건 아닐까 하는 추측을 난무하게 한다.

그나저나 문고리 시인은 내가 한 1~2년간 몸이 아플 때 나타난 동네 후배이다. 선물처럼, 이라고 말하려니 뒤 꼭지가 가렵다. 그녀나 나나 그런 말이 왠지 부끄럽다. 글을 쓰는 이들에겐 때로 쓰고 싶어도 아끼고 싶은 말들이 있다. 아름답다고 너무 쓰면 말과 뜻이 낡아지고, 나는 그 낡아짐에 때로 마음이 저리다. 마음도 그렇겠지. 좋다고 엎어지면 언제나 끝이 싸늘했던 기억들 때문에 나는 일부러라도 첫 만남에 까칠한 편이다. 한 5년은 만나야 마음의 빗장을 열기로 혼자서 우스운 맹세도 했었다. 우습기는 하지만 절실했던 마음이 그 안에 들어있다. 상처받고 싶지 않은 보호벽의 높이라고나 할까.

아파트 헬스장의 댄스클럽의 회원으로 만난 우리는 참 잘 지냈다. 무던하게 서로를 좋아하면서 그 시간을 잘 메꾸어나갔다. 동네 사람들과 섞이지 않는 걸 무언의 원칙으로 삼았던 지난날들이 무색하리만치, 나는 동네 사람이 되어 자연스럽게 동네에 스며들었다. 사는 게 단순하다는 사실을 몸으로 느끼고 배우는 시간이었다. 몸이 아프면 세상을 다시 보게 된다. 아니 세상이 달리 보인다. 세상이 다르니 사람도 달리 느껴진다. 매 순간의 소중함은 말할 것도 없고, '어쨌든 살아있음'에 참으로 감사하게 된다. 그런 시간 속에 문고리 시인과 또 다른 동네 후배들이 살아있음의 행복을 느끼게 해 주었다.

  춤은 축제이고, 행복한 만남의 공간이다. 손과 팔을 움직여 춤을 추는 동안에는 삶의 생동감을 온몸에 느끼며, 음악을 통한 전율을 몸과 마음에 곧바로 전달한다. 두통 예방약의 부작용으로 몸이 더디게 움직이는 아픈 시간이었는데, 내게는 하루하루가 페스티벌을 즐기러 가는 꽃단장한 무희였고 어여쁜 아가씨의 설레는 마음이었던 것 같다. 지금처럼 닫힌 시대에서는 아득한 옛 추억의 그림자이지만…. 어쩌면 그런 축제의 흥겨운 기운이 나를 점점 나아지게 만들었는지도 모른다.

  우리 동네엔 문고리 시인이 있어 문고리가 바쁘다. 언제나 5분 대기조로 만나야 해서 패션이 늘 신경 쓰인다. 동네 가게들은 부스스한 얼굴로 대충 옷을 입고 나온 그녀들을, 무턱대고 반긴다. 그래서 우리 동네 오종종한 가게들은 오늘도 이야기가 넘쳐난다. 아, 애절하고 통탄하다. 동네 사람이 된 게 자랑스러워지는데, 이사 가야 한다. 걱정 없다. 그 동네에도 문고리는 있으니까….

잠시 요정의 집에 살았다

그 집에는 S자형으로 길게 난 길이 있었다. 처음에 그 집 대문 앞에 섰을 때 '올 엄마는 재주도 좋지. 어떻게 이런 멋진 집을 구했나' 하고 감탄했다. 문을 열고 들어서자 더 놀라웠다. 이런, 정원이 있었다. 게다가 멋진 정원의 맨 위에 2층 양옥집이 딱 버티고 서서 위용을 드러냈다. 그때 내게는 마치 무슨 궁전처럼 보이기까지 했다. 우리 집 개 셰퍼드 '쟈리'도 드디어 큰 덩치를 제대로 붙일 자리를 찾은 게 신나는지 왔다 갔다 난리를 쳤다.

그런데 문제는 우리 집으로 올라가는 길에 정체를 알 수 없는 집 한 채가 더 있다는 사실이다.

"저건 누구네 집이야?"

엄마는 대꾸하지 않았다. 자꾸 묻자 귀찮은 듯 모른 척하라며 얼버무렸다. 그게 그런다고 모를 일인가. 대학 1년생이었던 나는 남동생과 쑥덕대다 결국엔 알아냈다.
"요정이지? 비밀 요정!"
그래서 싸게 얻은 거였다. 요정이 있는 집이라 사람들이 잘 안 들어와서…. 늘 교육이 어쩌니, 하며 따지더니 별안간 아무 상관도 없다는 듯이 이사를 한 것이다. 엄마는 집 한 채를 통째로 전세를 내어 아래층은 우리가 쓰고, 2층은 두 집을 다시 세를 놓았다. 자기 집도 아닌데 주인이 된 것이다. 우리도 덩달아 조금 당당해진 기분으로 그 집에서 살기 시작했고, 엄마는 어느새 생활의 역군과 달인으로 등극했다.

무엇보다도 할아버지가 커다란 건넛방을 갖게 되셨다. 드디어 당신만의 아지트가 생긴 게 좋으셨던지 친구들을 계속 부르셨다. 남편 없이 시아버지를 모시는 일이 쉽지 않았을 텐데, 엄마도 괜히 신이 난 것처럼 보였다. 친구분들과 종일 바둑을 함께 두시면서 며느리가 해내오는 음식을 드셨는데, 뭔가 서로 당당한 느낌이 있어서 좋았다. 내가 본 삶 중에서 그때가 두 사람이 제일 편안해 보이는 시절이었다. 나중에 이 집을 떠나게 됐을 때 할아버지는 당신을 떼 내어버리려고 이사를 한다며 당연한 오해를 했고, 엄마는 뼈 빠지게 모셨더니 뭔 소리냐며 시집살이의 서러움을 집 식구들에게 읊어댔다. 며느리와 시아버님은 어쩔 수 없이 서로 등을 돌려 다른 땅에 앉았다.

어쨌든 이 긴 S자 길은 사연이 제법 많았다. 심심치 않게 들리는 밴드 소리며, 곱게 단장하고 들락거리는 언니들이나 아저

씨들도 나의 호기심을 극도로 불러일으켜 상상의 세계를 신나게 펼치게 했다. 온갖 드라마가 연출되었다. 게다가 2층의 야무지게 생긴 큰 언니는 유리창 밖 나무에 누군가가 목을 매단 꿈을 여러 번 꾸었다며, 유리창을 아예 담요로 덮어버렸다. 그러면서도 절대로 이사 간다는 말은 하지 않았다. 이렇게 싼값에 큰방은 얻을 수도 없다며 여동생과 함께 편히 살았다. 2층 남은 방에는 연상 연하 부부가 살았는데, 그 결혼 스토리도 소설 감이다.

양옥집에 세든 식구들은 한 집이라는 공동체의 삶을 제법 잘 소화해 냈다. 때론 혈육처럼 때론 처음 보는 낯모르는 사람들처럼 감정들을 조절해 나가면서, 제 역할들을 야무지게 연기했다. 서로에게 적당한 간격이 있어야만 유지된다는 것을 눈치 발로 알아챘다. 남의 집을 빌려 사는 일은 늘 마치 남의 인생을 빌려 사는 것 같은 느낌이 든다. 이상하게 살고 있긴 한데 어느 소설의 제목처럼 공중에 뜬 맨발 같다고나 할까. 발을 바닥에 붙이기가 쉽지 않다. 딱 붙지 않으니 늘 떠 있어야 한다. 땅에 뿌리를 내리지 못하는 식물처럼 자주 흔들린다.

그런데 이 집은 자기 집 같은 느낌이 있었다. 울 엄마가 그 대장이고, 할아버지가 멋진 퇴역군인의 우두머리, 2층의 식구들은 일병, 이병, 병장들이고, 요정 집 식구들은 군악대였다. 우리는 어느새 그들 군악대가 익숙해져서 호기심도 궁금증도 줄어갔다. 익숙해진다는 것은 무서운 마모의 칼을 숨기고 있다. 자기도 모르는 사이에 시간 앞에서 마음이 닳는다. 익숙해지면 편해지고, 편해지면 지루해지기 마련이다. 뭔가 늘 낯선 것들이 신경을 건드려야 신경을 곤추세우고 세상을 예리하게 바라볼 수 있다.

부끄러운 일이 하나 있다.

이 요정 집 큰 대문 앞에 여관이 하나 있었는데, 엄마는 꼭 일부러 그러는 듯이 여자가 나오면, 물을 그쪽으로 확 뿌리며 '젊은것들이' 하며 입안에서 욕을 했다. 물론 상대방은 다 듣는다. 요즘 같으면 싸움이라도 날 일이지만, 그들은 군소리 없이 바람처럼 사라졌다. 제발 그러지 말라고 해도 아무 소용이 없었다. "혹시 엄마 자식들도 그럴지 모르잖아."라고 했다가, 집 앞마당을 쓸던 빗자루로 죽도록 맞았다. 아니 그렇게 훌륭한 교육을 따지는 사람이 요정 집은 뭐람? 우리 엄마는 이렇게 앞뒤가 잘 맞지 않는 성격이다. 흉보다가 닮는다고, 나도 그런 짓을 참으로 잘한다. 유전자의 내력은 이토록 무섭다.

그 집에서 꼬박 2년을 살고, 뿔뿔이 흩어졌다. 집주인이 다 헐고 다시 짓는다고 해서 군말 없이 모두 이사를 나갔다. 전세살이에 익숙한 우리는 불평불만 하나 없이 각자의 길을 찾아냈다. 그 사이 전셋값이 올라 결국 할아버지와 헤어져 살게 되고, 엄마와의 우호 관계는 끝이 났다. 시아버지와 며느리로 돌아간 두 분은 끝까지 낯설게 지냈다.

요정 집이 그리워질 때면, 내가 썼던 라디오 드라마에 한두 번씩 이 식구들이 등장했다. 사람이 사람을 그리워하며 사는 게, 사람이 살면서 하는 일 중에서 가장 가슴 아프고 아름답다는 것을, 오랜 뒤에야 알게 되었다. 그 집을 나와서야 그 집이 보였다.

기억의 숨은 빛깔

유년이라는 말에는 아련함이 있다. 그 말에는 아름다운 추억과 잊지 못할 그리움이 늘 들어있다. 다른 이들이 쓴 글 안에서는…. 하지만 나는 아무리 눈을 크게 뜨고 샅샅이 살펴봐도 그런 구석이 눈에 들어오지 않는다. 삭막하고 거친 장면들만 가슴에 가득하다. 유년의 기억들이라고 하기에는 조금 부끄럽기조차 하다.

나는 이 글에 지도 한 장을 첨부파일로 보낼 작정이다. 내가 살았던 유년의 땅 지도이다. 그 조그만 공간이 세상의 전부인 줄 알고 살았다. 나중에 세상 밖으로 나오니 반짝거리는 게 너무 많았다. 반짝거린다고 다 금이 아니라고 말하지만, 나는 가짜일지언정 세상이 아름답게 반짝이는 것이 좋았다.

우리 집, 정확히는 할머니의 집이지만 편의상 그렇게 명명한다. 얼핏 보면 골목길 끝 집 같지만, 옆으로 가느다랗게 길이 나 있었다. 그 길은 무당집으로 가는 유일한 길이라서, 누가 걸어가기만 해도 그 방향을 정확히 알았다. 우리 집은 앞에 개천을 끼고 있었다. 개천을 이어주는 다리가 있어 그걸 건너가면 공중변소가 있었지만, 우리 동네 소유가 아니라는 생각에 한 번도 가질 않았다. 커서 가보니 새끼손가락보다 더 짧은 다리였는데, 단지 '다리' 하나로 세계가 갈라졌다.

그 다리를 건너면 잘 모르는 낯선 동네가 있고, 약국도 있고, 구멍가게도 있었다. 내 기억으로는. 하지만 우리 동네는 대한통운의 담벼락과 창고밖에 없었다. 저쪽 동네에는 아기자기한 가게들이 있었는데도 다리를 건너지 않았다. 모르는 동네에 가서 천대받고 싶지 않았으며, 촌뜨기처럼 두리번거리고 싶지 않았던 것 같다. 고 어린 게 자존심을 그런 식으로 지켜냈다. 나는 지금은 남의 동네 골목도 잘 찾아다니고, 다리도 잘 건너다닌다. 다리 하나로 세계가 갈라지는 꼴을 못 보는 종족이 되어 어린 시절의 금지 영역의 금들을 실컷 밟는다. 모임 하나의 이름을 '금 밟기'라고 붙였다. 그랬더니 누가 금 밟으면 죽어요, 라고 해서 웃었다.

'맞아요. 옛날엔 정말 그런 줄 알았어요. 하지만 이젠 알아요. 금을 밟는다는 건 금을 넘어간다는 암묵적인 약속이 들어있다는 얘기라는 걸….'

다리란 이쪽 세계에서 저쪽 세계로 건너가는 마법의 길이란 걸 그때 알았더라면, 그 다리를 건너 낯선 세상을 만날 수 있었을까. 그 세상도 한두 번 가다 보면 별거 아니지만, 낯설기에 가슴이 두근대는 기쁨이 있다는 것을.

다리 이쪽 안에서 대한통운의 아이들은 잘도 놀았다. 아침에 일어나 나가보면 그 개천에서 아직도 살아있는 어린 생명체가 삐익—삑 꺼져간다고 울어댔다. 살려줄 수도 살아날 수도 없는 존재, 태어나자마자 밤새 개천에 버려진 아이는 긴 막대로 이리저리 건드려지다 세상을 떠났다. 어느 슬픔이 감히 다가올 수 있겠는가. 내 안의 슬픔의 시작은 거기일지도 모른다. 비정한 사랑의 끝을 두 눈으로 똑똑히 보며, 나는 사랑이란 말의 감각을 애초에 잃어버린 채 그 개천을 끼고 자라났다. 유년이라는 뜰이 이처럼 거칠고 험악했다.

다행이랄까 우리 동네 골목길은 심심치 않았다.

우리 집과 반대편 골목에 있던 끝 집 언니. 이름은 까먹었지만, 늘씬하고 미끈하던 그 다리는 잊지 못한다. 집안 살린다고 나이든 남자의 애첩으로 들어간 게 어린 나는 분했다. 저렇게 예쁜데 늙은이랑…. 시장 보러 갔다가 바람난 순희 언니, 늘 구부정한 어깨로 2층으로 올라가던 무직자 경철이 삼촌은 나중에 내 방송 드라마의 주인공들이나 엑스트라로 변신해 출연했다. 절대로 엄마처럼 무당 일은 안 하겠다고 도망 다니던 무당집 딸은 어느 날 배가 잔뜩 불러서 나타났다. 동네 아주머니들은 쑥덕거렸고, 나는 그녀들의 입에서 떨어지는 이야기들을 퍼즐처럼 맞춰가며 이야기를 만들어냈다. 버전을 달리해서 상상하며 밤을 보냈다. 그토록 자기의 삶을 달리 살고 싶었던 무당

집 딸은 임신만 시키고 도망간 바람둥이 탓에 마침내 어머니의 일을 이어받았다는, 소설 같은 이야기가 내 유년의 시간을 채워 주었다.

그 땅은 매우 작은 공간이었다. 그러나 거기에는 이야기가 있었고, 상상의 세계와 건너가지 않는 다리에 대한 금단 의식이 강렬했다. 약간은 황폐하고 지루한 유년이지만, 그 시간의 기억들이 나의 몸을 통과해 스쳐 지나갔다. 대한통운 옆의 철길에서 선로에 귀를 대본다든지, 창고마다 다니며 뭔가 저지레를 하던 동네 남자 아이들을 쫓아다니며 놀던 일들은 지금 생각해 보면 제법 음침하다. 높고 큰 창고 문이 닫히면 별일들도 다 있으련만, 우리는 그저 어른들에게 들키지만 않으면 된다며 이리저리 쏘다녔다. 처음에는 허술했는데, 나중엔 담벼락도 치고 철조망도 쳐서 재미가 줄어들 때쯤 우리는 이미 커 버려서 다른 데를 쳐다보고 있었다.

일본 영화 〈모리의 정원〉에서 주인공인 94세의 화가는 자기 집 정원으로 여행을 떠난다. 30년간 밖에 나가지 않고, 정원에서 돌멩이나 개미, 돌의 소리를 듣고 낮잠을 자며 소소한 일상을 즐겼다. 그런데 영화가 끝나고 모리의 정원을 조감으로 비추는데 놀랄 만큼 작았다. 아니 저렇게 작은 데에서 30년을 지냈단 말인가. 속은 기분마저 들었다. 그러다 미소가 지어졌다. 내 유년의 공간과 비슷해서….

나는 왕십리 집의 골목길을 떠올리며 눈을 감았다.
'이런, 나의 미래가 거기에서 시작되었군.'
유년의 기억들이 그 찬란한 빛을 품고서 숨어있었다.

가지 않는 길이라서 아름다웠을까

한 작품을 여러 버전으로 읽는다는 것은 특이한 재미를 준다. 나는 《작은 아씨들》을 중학생 때에 읽었다. 한창 사루비아 문고니 클로버 시리즈니 해서 여중생들의 비공개성 필독서였다.

얼마 전 영화 〈작은 아씨들〉을 2019년과 1995년 버전으로 두 편을 보았다. 거의 24년의 차이가 나는 이 두 영화는 그야말로 대비가 확실했다. 어차피 주제야 네 자매의 삶과 사랑, 자매애 같은 거지만, 그 구성이 하나는 입체적이고 또 다른 하나는 평면적이었다. 물론 가장 최근 판인 2019년도 영화가 입체적이었다. 사실 현대에 가까울수록 입체적일 수밖에 없다. 삶이 복잡해지고 볼거리를 많이 요구하는 시대의 변화는 평면적인 시간의 흐름이 답답할 수 있다. 나도 구성만을 볼 때는 역시 입체적

구성이 좀 나았다. 현대에 맞는 템포라고나 할까.

그런데 가만히 보니 두 영화 각각이 장단점이 있다. 평면적 구성은 우선 감상할 때에 마음이 편했다. 머리를 크게 쓸 필요가 없이 그냥 보면 되었다. 긴박감은 떨어지지만 순차적으로 다가오는 사건들이 거슬리지 않았다. 반면 입체적 구성은 이야기가 긴박감이 있는 대신에 널뛰듯이 하는 장면전환으로 정신이 사나웠다. 똑같은 이야기를 어떻게 싣고 가느냐에 따라 그 분위기가 백팔십도 다른 영화가 된 셈이다. 더욱이 작가나 감독이 어디에다 초점을 두고 찍었냐에 따라 촬영 분량이나 스포트라이트가 확연히 달랐다. 여기는 이걸 강조했고, 저기는 저걸 더 드러내 보였다. 하긴 하도 작품을 리메이크하다 보니 별별 방법과 구성을 다 해봤겠지만…. 결국은 어느 작품이든 나름대로 재미가 났다.

이건 글을 쓸 때도 마찬가지이다. 평면구성은 읽기가 편한 대신에 자칫 지루하거나 답답하게 느껴질 수가 있고, 입체구성은 잘못하면 작품을 망치기가 쉽다. 작가들도 돌아올 자리를 종종 잃어버리기 때문이다. 대신 성공하면 좋은 작품의 탄생을 보장받는다. 그래서 초심자들에겐 평면구성을 우선 해보라고 한다. 몸에 좀 익숙해진 다음에 다른 쪽으로 눈을 돌리라고. 두 다리가 튼튼해야 잘 서 있을 수 있다고 기본의 단단함을 말한다.

우리 인생의 삶도 그러하지 않을까. 평면적으로 보이는 삶은 지루하거나 단조로울 수 있다. 컬러풀하고 입체적인 삶이 더

멋있어 보인다. 나도 젊은 시절에는 이리저리 마음이 마구 뛰었다. 평범한 삶이 조금 답답했다. 단 한 번밖에 없는 삶을 이렇게 흐지부지 살다가 끝내야 한다는 게 그저 안타깝고 화가 날 때도 많았다. 그런 날 밤에는 어찌 살아나가야 하나 싶어 숱한 생각으로 밤을 지새웠다. 단순함의 미학 따위는 맘에 차지도 않았다. 전 세계로 뛰쳐나가 내 삶을 소리쳐 외치고 싶기도 했다. 독신으로 살면서 자기가 하고 싶은 거나 실컷 하지, 사랑에는 왜 빠져 결혼을 해서 종손 맏며느리가 되었나, 하는 생각도 했지만 사실 나는 안정을 택했던 것이다. 결혼 전 친정의 소용돌이치는 삶의 형태를 벗어나 한 남자에게 기대 평온함을 찾고 싶었던 것이다.

  삶은 시시각각 나를 지지하다가 배반하기를 반복했다. 나는 평범하고 평온한 삶과 위태롭지만 모험적인 삶의 경계선 위에서 한 발을 들었다 놨다 했다. 삶의 버전은 끝이 없이 생겨났다 사라지면서 묵묵히 한 생의 발자국을 만들어 주었다. 어느 날부터인가 그게 바로 네 삶의 모습이란다, 라고 귀에 속삭이는 목소리에 저항하지 않기로 했다. 사실 받아들이는 기쁨을 알았느냐고 물으면 아직 대답할 자신이 없다. 내 성정을 누구보다 잘 알기에…. 하지만 감사하는 마음이 생긴 건 좀 알겠다. 복잡다단한 현대라는 시대에서 평범함을 찾기가 얼마나 어려운 일인 줄도 새삼 느낀다. 나도 모르는 사이에 삶을 단순하고 진지하게 살아가는, 아니 한 마디로 매 순간을 정성을 들여 사는 그런 모습을 참으로 아끼고 있다. 오늘의 나는.

'참을 수 없는 존재의 가벼움'을 얘기했던 밀란 쿤데라는 최근 《무의미의 축제》에서 "하찮고 의미 없다는 것은 존재의 본질이에요 (…) 보잘것없는 것을 사랑해야 해요. 사랑하는 법을 배워야 해요."라고 말한다.

그 말이 와닿는 건 무언의 끌림이다. 누군가 먼저 걸어 나아간 길에 나와 같은 모양의 세포를 발견한다는 것은 깊은 위로가 된다.

당신이 모르는 어딘가에서

이상하게 기념일들을 잘 기억하지 못한다. 그래서 새해가 되면 캘린더에 가족들 생일을 기록해 놓아 그럭저럭 인사치레는 하고 산다. 특히 결혼기념일이 문제인데, 며칠 전만 해도 기억했다가도 까마득히 잊어먹기를 38년이나 했다. 아무리 핑계를 대도 말이 모자란다. 가족들은 내 생일도 잘 잊어먹는 터라 이젠 으레 당연하게 여긴다. 왜 그런지는 나도 모르겠다. 그저 둘이 잘살고 있으면 되지 뭔 기념일까지 하는 생각이 있긴 하다.

올해도 어김없이 그 습관이 발휘됐는데, 나이가 드니 괜히 미안한 생각이 들어 크리스마스를 위해 준비한 식탁보를 미리 꺼내고, 후다닥 요리 한 두어 개 하고 와인도 꺼내 잔을 부딪쳤다. 그러면서 속으로 결혼기념일이란 게 부부가 잘살고 있음을 확인하며 서로 희열을 느끼는 날인가, 아니면 계속 잘 살아야 한다는 경고성 격려를 위한 날인가 하는 생각이 들었다. 만약 그냥 기념일이니까 기념하는 거라면 좀 그렇다.

SNS에 결혼기념일을 38년 동안 한 번도 기억 못한 이야기를 올렸더니 반응이 각양각색이다.

"아니 그 중요한 날짜를 기억 못합니까?" "회피하려는 심리일까요?" "조심하세요. 혹 심리적으로 망각하려는 잠재의식이 기억을 덮을 수도 있으니…." "올해는 저도 까먹었는데, 남편이 말해서 안 까먹은 척했어요." "뭘 그런 것을 다…."

리플들을 보면서 이게 그토록 중요한 날인가 다시 한번 생각해 보았다. 뭐가 그리도 중요한가. 남들은 그렇게 중요하게 생각하는데, 나는 도대체 왜 이럴까. 게다가 이 시큰둥한 반응은 뭐람. 나의 잠재의식 속 어딘가에 내가 모르는 무언가가 있나, 하며 나 자신을 이리저리 두리번거렸다.

어머니는 늘 유난 떠는 걸 싫어하셨다. 결혼하고 보니 시어머님께서도 남의 눈에 과하게 비치거나 유별난 것을 경계하셨다. 말하자면 '동티'가 난다는 것이다. 좋은 일일수록 소리를 낮추거나 감추고, 뱃속에 들어간 과일마저도 소화가 다 되어 배설될 때까지는 아직 내가 먹었다고 말하지 말라는 무언의 가르침을 보여주셨다. 중요한 일은 자칫 동티가 날 수 있으니 다 될 때까지 입도 달싹거리지 말라는 말을 두 어머니에게서 항상 들었다. 그래서인지 내 머릿속에는 그 한 마디가 아주 깊숙하게 뿌리 박혀 있다.

대충 결혼 전에는 부모의 영향을 받는데, 자유로운 영혼의 아버지로 인해 금이 간 삶의 형태는 어머니와 우리 삼 남매에게 극심한 영향을 미쳤다. 그런 상황에서 부모님의 결혼기념일 따위는 보거나 들은 적도 없고, 사실 그분들이 사셨던 시대 감성과는 잘 어울리지도 않는 것 같다. 다들 사느라 바쁜 시절이었다. 뭐 그런 말들이 자연스러운 사람들도 있겠지만, 내게는 왠지 사치스럽게 느껴지는 낱말이기만 했다. 조용히 잘 살아내는 게 늘 눈앞에 닥친 숙제여서 나는 그저 묵묵히 살아내느라 바빴다.

들춰보니 이런 변명거리들이 등장한다. 지인이 말한 회피하려는 심리도 있고, 심리적으로 망각하려는 잠재의식도 없지 않다. 하지만 너무 중요하다는 말에는 아직도 선뜻 동의가 되진 않는다. 나의 못된 구석이 또 등장한다. 그 이면에는 대개 무슨 기념일은 남자보다는 여자 쪽에서 더 기다리는 것 같아 자존심이 상하는 이유도 있다. 둘이 같이 결혼했는데 왜 남자가 여자에게 선물해야 하고, 알아줘야 하냐는 반감이 없질 않다. 대등하고 싶거나 당당하고 싶다는 어설픈 객기가 발을 붙든다. 그래서 아예 모른 척을 하다 보니 정말로 모르게 됐는지도 모르겠다.

경계의 선線을 넘지 않으려는 소심한 인생관은 내 일생에서 '모험'이라는 낱말을 희미하게 만들었다. 모험은 내게 두려움이다. 신나기보다는 겁이 난다. 미지의 세계로 달려나가려고 하면 얼른 브레이크가 걸린다. "넘어가지 마."라고 들려오는 소리가 나를 멈추게 한다. 자손이 귀한 집에서 자손이 태어나면 돌까지 개똥이니 도야지니 천한 이름으로 불렀다. 천명위복賤名爲福이라며 천한 이름을 지어야 복을 받고 오래 산다는 미신 때문인지, 고종은 태어나서 걸음을 걸을 때까지 '개똥이'라 불리었고, 재상 황희는 '도야지'였다고 한다. 나는 이게 미신이라기보다 유난 떨어 남의 입에 오르지 않고 온전히 지켜내려는 나의 경계심에 있다고 여겨진다.

결혼 생활 38년 동안 잊어버린 기념일에 대한 나의 망각은 소중한 것들을 평범함 속에 숨겨서라도 지켜내고 싶다는 무의식이 한몫하는지도 모른다. 사람의 생각이란 게 원래 한 줄기에서 나오지 않고 복합적인 사고의 갈래에서 재탄생한 새로운 줄기이니, 분명 여러 생각이 합쳐서 일어난 하나의 현상일 게다. 더욱이 관심 없는 일은 눈앞에 갖다 줘도 아무것도 보이지 않는 무심한 성격이니 그날이 그날이어도 아무런 상관이 없는 탓일지도…. 이렇게 망각에 대한 내 안의 이야기들을 억지로 찾아보긴 했지만 그게 딱히 정답은 아닐 것이다. 가슴 저 밑바닥에 가라앉은 모든 무의식이 그 실체를 감추고 있는 한, 나는 그저 그 표피에서만 유영할 수밖에 없다.

노트북을 닫으며 내년에는 꼭 기억해야지 하다가, 안 하던 짓 하면 탈이 날지 모르니 그냥 하던 대로 살자며 혼자 웃는다.

그 순간 알 수 없는 무의식의 갈래들이 저 깊은 가슴속에서 속삭인다.

"나를 찾아봐. 기다릴게. 당신이 모르는 어딘가에서⋯."

안녕 파킨슨 씨

프랑수아즈 사강의 《슬픔이여 안녕(Bonjour Tristesse)》을 읽으면서 처음에 나는 소설의 제목이 이상하게만 느껴졌다. Adieu가 아니고 Bonjour라고? 슬픔인데 안녕이라니, 아니 그런 황당한 인사말이 어디에 있나 싶어서였다.

시니컬하고 잔혹한 '매혹적인 작은 악마'라 불리는 주인공 세실과 같은 나이인 18세에 쓴 이 작품은 사강의 처녀작이자 대표작으로 간결한 문장과 섬세한 심리묘사가 인상적이었다. '슬픔'이라는 감정을 모르고 자란 세실이 정신적으로 성숙해 가는 과정을 보면서, 어른이 된다는 것은 슬픔 같이 무겁고 깊은 감정들을 드디어 알고 느끼게 된다는 것인가 생각했다. 나는 이 소설을 읽으면서 두려웠다. 주인공과 비슷한 나이에 읽다 보니 감정이입이 더 잘 되어서 그런지 몰라도, 저편에서 물밀 듯이 달려오는 슬픔 같은 감정들을 어찌 감당해 내야 할지 당혹스럽고 두려워 울음이라도 나올 것 같았다. 아직 보송한 나비의 날개가 젖기에는 그 낱말이 너무 차갑고 시렸다. 주인공이나 나에게는….

지난 한 해 나의 시간은 참으로 날카롭고 가팔랐다.
3월 초에 시작된 편두통은 내 머리를 쥐고 흔들었으며, 뒤이은 검사에서 나온 머릿속의 작은 꽈리는 삶의 시간을 잠시 멈추게 했다. 특히 신경을 쓰는 건 안 좋다는 말에 오랫동안 하던 일들을 정리하고 비워냈다. 몸과 마음이 흔들리고, 크게 보면 별 것 아니라고 아무리 속을 달래도 쉽게 달래지지 않았다. 뜨거운 여름이 시퍼런 멍을 남기고 느리게 지나갔다.
인생이란 연극에도 클라이맥스가 있는 모양이다. 아직 이 모든 일은 서막이었고, 진짜는 이제부터 시작이란 걸 그땐 몰랐다. 두통 예방약을 5개월 먹는 동안 오른손이 떨리고 걸음걸이가 느려지는 증상들이 생겼다. 식구들은 서로 말은 안 했지만 혹시 그 병은 아닐까 했고, 막내아들의 용기 있는 발언으로 검사를 받았다. 예상대로였다. 이상하게 불길한 예감은 틀리는 법이 없다.
그런데 이상하게 담담했다. 병으로 치면 앞엣것들과는 비교도 안 되고, 나라에서도 중증대상자로 쳐주니 분명 심각한데도 오히려 평온했다. 일 년에 한 번 정도 감기나 앓을까 꽤 건강한 편이었던 나로서는 완전히 큰 망치로 뒤통수를 맞은 셈인데도 말이다. 아마도 별거 아닌 전초전에 힘을 너무 빼서 헛웃음만 남았나 보다.

생각이 많아졌다. 아니 생각을 안 하려고 애썼다. 어느 날 퇴근하고 돌아온 남편이 "우리 내일은 생각 말고, 오늘 하루를 잘 살자."라고 외쳤다. 심심한 노년에 프로젝트가 생겼다며 씩씩하게 해결해 나가자며 용기를 낸다. 스스로에 대한 다짐이자 격려이다. 그의 어깨에 힘이 들어가 있다. 그 힘만큼 힘들다는 얘기겠지….

비트겐슈타인의 "영원한 삶은 현재에 사는 사람에게 주어진다."라는 구절이 떠오른다. 3년 전 스위스의 실스마리아를 다녀온 뒤에 썼던 수필 〈산이 말하다〉에서 "'지금, 그리고 여기'에 영원의 가치와 품위를 부여했던 니체를 떠올리며 나는 내 인생의 과거와 미래가 만나는 지금, 이 순간, 이곳에서 눈에 닿는 모든 것들을 새삼스럽고 경이롭게 바라본다. 저 산이 내게 말하는 듯하다. 두려워 말고 용기를 내어 앞으로 달려 나아가라고, 아니 이 순간을 온전히 잘 살아내."라고 했던 마지막 문장이 생각난다. 마치 오늘의 일을 미리 알기나 한 듯이 썼다.

약을 먹기 시작하면서 모든 게 천천히 일상으로 다시 돌아왔다. 몸이 편안해지고 나아졌다. 이 병은 무엇보다도 긍정적인 마인드와 운동, 스트레칭이 제일 중요하다고 의사는 몇 번이나 강조한다. 환자가 어떻게 생활하느냐에 따라 그 예후가 확연히 달라지기 때문이다. 음식은 고단백질을 많이 섭취해야 하고 즐거운 생각을 많이 하는 게 우선이라고 한다. 옆에서 "병이라는 전제조건만 빼면 상팔자네." 하며 웃는다. 고개를 끄덕인다.

지금까지 나는 잡지 일이나 책 읽기, 음악회 가기, 여행, 언어 공부하기 등등을 맨 위에 올려놓는 것이 상팔자라고 생각하며 살았는데, 이제는 전혀 반대되는 삶의 모습에 눈을 돌려야 한다. 운동이 제일 우선이고, 지나친 독서나 복잡한 생각들을 버리고 단순한 생각을 하며 사는 삶, 약과 함께 지내며 몸을 유지해 나가야 하는 그런 삶이다. 그래. 내 앞에 새로이 다가온 이런 삶도 한번 신나게 살아보자. 그리고 감사하게 받아들이자. 병이란 걸 너무 무겁게도 생각하지 말고, 가볍게 여기지도 말자. 이기려고 말고 함께 친구처럼 살아보자. 나는 매일 매일을 다짐하고, 식구들과 친구들은 옆에서 감싸준다. 처음으로 책을 통해서가 아닌 내 앞에 놓인 구체적인 삶을 통해 '지금, 현재'의 소중함을 절실히 인식한다.

저기 파선생이 다가온다.
아침 약을 먹으며 나는 웃어준다.
"안녕, 파킨슨 씨!"

5부

음악의 언표

노래에 숨은 눈물, 〈벨라 차오(Bella Ciao)〉
허수경 시인, 〈산 팔자 물 팔자〉
무명가수 30호와 시인 최지인, 〈1995년 여름〉
마리아 칼라스, 〈노르마–카스타 디바〉
음악이 사랑이다, 〈From Russia with love〉
천 원의 행복과 슬픔, 모차르트의 〈라크리모사〉
사라져 가는 사랑, 오마라 포르투온도의 〈Veinte Años–20년〉
책 읽어주는 음악, 베토벤 피아노 소나타 17번 〈템페스트(Tempest)〉
그 찬란한 날개를 타고, 슈베르트의 〈물 위에서 노래함〉
세상의 모든 추억을 위한 노래, 〈그린 필즈(Green Fields)〉
어디로 가야 하나, 〈돈데 보이(Donde Voy)〉
음악의 뮤즈가 내려오다, 파가니니의 〈베네치아의 축제〉
냉정과 열정의 음악, 슈베르트의 〈네 손가락을 위한 판타지〉

노래에 숨은 눈물, 〈벨라 차오(Bella Ciao)〉

'Bella Ciao'를 번역하면 '내 사랑 안녕'이란 말이 된다. 이상하게도 말 자체에 아무런 그림자가 느껴지지 않고 그저 해맑기만 하다. 그러나 이걸 '내 사랑, 안녕'이라고 하면 그 무드가 달라진다. 단지 쉼표 하나만을 찍었을 뿐인데 얇은 슬픔의 베일 한 자락이 걸쳐진다. 베일의 여왕 살로메의 〈일곱 베일의 춤〉만큼 파격적이진 않지만, 한 장의 베일이 가져다주는 기막힌 언어의 묘미이다.

'안녕'이란 말은 다중의 의미를 갖고 다닌다. 특히 우리나라 말로 표현될 때에는 더 그런 것 같다. 프랑수아즈 사강의 《슬픔이여 안녕》을 읽으면서 처음에 나는 '안녕'이 'Adieu'인줄 알았는데, 원어 제목(Bonjour Tristesse)을 보니 'Bonjour'였다. 아니 슬픔인데 안녕이라니 이런 황당한 인사말은 도대체 뭐지 하면서,

이제 이 주인공은 어찌 사나 싶었다. 마치 내 옆에 슬픔이 와서 서 있는 듯 감정이입이 절로 되었다.

이 〈Bella Ciao〉가 그런 곡이다. 감정의 전파가 즉각적이고 폭발적이다. 나는 들을 때마다 가슴이 뛰고 때론 슬쩍 눈물이 난다. 이탈리아의 반파시즘 저항군들이 불렀는데, 폭압적인 정권이나 권력자들에 대항해 자유를 갈구하는 곡으로 알려져 있다. 절대 혁명적이지 못한 나도 잠시 혁명의 흥분에 빠지고 가슴이 뛴다. 듣고 있으면, 무언가가 가슴 안에서 요동치고 휘몰아쳐 드디어는 일어나야 한다. 일어나. 달려나가. 노래의 강렬한 선율은 내 귓가에 '혁명의 기운'을 들어붓는다. 아니면 춤이라도 추어야 한다. 조르바처럼 춤을 추어야 한다. 자유를 향한, 미래를 향한, 아니 무념무상의 춤을 한바탕 추어야 한다. 너와 내가 함께 손잡고 추어야 한다. 손바닥도 마주치고, 마음도 마주치면서, 영혼을 나누어야 한다. 이 노래는 혼자를 위한 노래가 아니다. 마치 플래시 몹(Flash Mob)처럼 연대를 이루게 하는 강렬한 에너지가 실컷 들어있다.

이 노래는 '자유를 위해 목숨을 바치고, 파르티잔의 꽃'으로 산화散花하려는 남자의 아름답고 처연한 유언의 말을 담은 곡이다. 때로 음악은 우리의 영혼을 사로잡고 놓아주질 않는다. 아니 어쩌면 우리가 스스로 걸어가 영혼을 잠시 맡기는 건 아닐까.

'파르티잔(Partigiano)'이란 말 밑바닥에는 무언가가 흥건히 고여 있는 느낌이 든다. 이 말은 한 손엔 '자유(Liberta)'를, 또 다른 한 손엔 죽음을 꽉 잡고 있다. 단순히 알파벳의 조화인데 기막힌 이미지를 자아낸다. 노래를 듣다가 그 언어가 나오는 대목에선 열 번이면 열 번 슬픔의 기미를 단박 건져 올리게 된다.

⟨Bella Ciao⟩는 자유를 갈구하는 곳이라면 전 세계 그 어느 곳에서든지 불리고 있으며, 여러 가지 버전으로 편곡되어 있다. 영화로는 ⟨두 교황⟩과 ⟨종이의 집(넷플릭스)⟩에 나왔다. 나는 Jazz 버전으로 부르는 'Zycopolis'의 노래와 광장에서 시민들과 거리공연을 함께 하는 'Orchestre Debout'의 연주를 좋아한다. 밀바의 오리지널 칸초네 버전은 자존심이다. 유튜브에서 찾으면 금방 나온다. 열정이 그리울 때 들으면 열정의 샘이 솟구칠 것이다.

맨 마지막 가사, "자유를 위해(Per la liberta!)" 한 마디는 이탈리아어로 알아두자. 언제 어디서 전 세계인들과 함께 부르게 될지도 모를 일이다. 아니 입안에서 그 말을 굴리기만 해도 자유가 몰려온다.

허수경 시인, 〈산 팔자 물 팔자〉

그녀를 생각하면 '꽃밥'이라고 불리는 진주비빔밥이 생각난다. 진주 중앙시장 한가운데에서 노모와 함께 마주 앉아, 어수선한 시장 난전으로 엉금엉금 들어오는 햇빛을 보며 먹었다는 그 꽃밥. 꽃밥을 먹으면 꽃이 되려나.

딱 한 번 가본 진주는 내겐 아름다웠다. 가을 햇살이 진주성 전체를 곱게 내리쬐고 있어서 그랬을까. 같이 여행을 간 학교 대선배와 벤치에 앉아 잠시 풍경에 잠겼다. 소소한 얘기를 나누다가 아픈 남편을 10년 동안 돌보고 얼마 전 잘 떠나보냈다는 말에, 나는 드디어 담담하게 물었다. 일생에 한 번 묻고 싶었던 질문이었지만, 감히 입을 떼지 못했던 그 말. 온 동네를 놀라게 했던 선배의 뜨거웠던 사랑 얘기를 겁도 없이 덜컥 묻고 말았다. 그런데 돌아온 대답이 너무 선선해서 내가 더 놀랐다.

"이제 편해."

네 음절 안에 인생이 다 담겨 있었다. 무엇보다도 사랑에 대한 미사여구를 하지 않아서 다행이었다. 우리가 이제 단박에 서로 솔직할 나이가 되었기도 하지만, 그런 내공이 있는 선배가 존경스러웠다.

그땐 아직 허수경 시인을 모를 때라 나는 중앙시장에 가볼 생각은 꿈에도 못했다.

우연히 시 잡지에서 보게 된 뒤로 나는 광 팬이 되었고, 그녀에 대해 덕질을 하느라 바빴다. 시집과 산문집을 주문해 그야말로 줄을 쳐가며 미친 듯이 읽기 시작했고, 관계된 기사들을 검색했다. 이상하게 시보다는 산문이 좋았다. 가슴을 더 파고든다고 해야 할까. 산문에는 행간 사이에 내밀한 울림이 있었다. 내가 수필을 쓰는 사람이라 그럴지도 모른다.

그녀는 키가 좀 작았다는데, 심지어 방송작가로 일할 때 수위가 "오늘 공개방송 없어. 학교에 다시 가."라고 했다는 얘기도 있다. 나에겐 책에 나온 희끗희끗한 머리와 옅은 미소, 그 미소 뒤편의 쓸쓸한 그림자라든가, 내가 편애하는 파울 첼란을 번역한 작가로 흔적이 만져진다.

문우들이랑 술집에 가면 잘 불렀다는 애창곡, 〈산 팔자 물 팔자〉.

어느 날, 나는 시인이 청승맞도록 구성지게 잘 불렀다는 〈산 팔자 물 팔자〉를 10명의 가수 목소리로 들려주었다. 54세로 서둘러 이 지상에서 발걸음을 떼었지만 시의 행간 사이에 남아있는 마음을 위해서, 조각조각 아팠다던 그녀의 병을 위로하며 기도하는 마음으로…. 그 뒤 나는 때때로 하염없이 이 노래를 들었다. 식구들은 난데없는 트로트 음악에 이건 또 무슨 상황인가 어리둥절했지만, 나는 아직 내 마음에 그녀의 시와 산문의 글줄들이 남아있어 야멸차게 뒤돌아설 수가 없었다.

"산이라면 넘어주마. 물이라면 건너주마. 내 청춘 가는 길은 산길이냐 물길이냐…."

이렇게 시작하는 노래는 하냥 구슬프다. 그녀는 어떤 마음으로 이 노래를 불렀을까.

진주와 서울, 독일의 땅에서 고고학을 공부하면서 시인으로 산 기억들이 "모든 살아온 장소들이 어쩌면 지나간 꿈이거나 다가올 꿈은 아닐까 싶었다."라는 시인의 문장들 안에 살아있었다. "당신이라는 말 참 좋지요. 그래서 불러봅니다. 한 슬픔이 문을 닫으면 또 한 슬픔이 문을 여는 것.(…)"이라는 시 구절이 사람들에게 인기라지만, 나는 〈정든 병〉이란 시가 마음에 걸려 넘어졌다.

"이 세상 정들 것 없어 병에 정듭니다/가엾은 등불 마음의 살들은 저리도 여려 나 그 살을 세상의 접면에 대고 몸이 상합니다"

이 사람이 어쩌자고. 아무리 마음 둘 데가 없어도 그렇지…. 어찌 그 몹쓸 것에 그리한단 말인가. 차라리 저 돌에라도 정을 둘 노릇이지, 하며 빈 하늘만 쳐다보았다.

〈산 팔자 물 팔자〉는 백년설이 부르는 노래가 원조 격이라 할 만큼 그 목소리에 시간의 오랜 궤적이 담겨 있다. 여러 가수가 부른 버전이 30여 개가 넘는데, 너무 기교가 많거나 과도하게 뜨거운 목소리는 허수경 시인과 어울리지 않는 것 같아, 나는 조미미의 담백한 버전과 문주란의 저음과 굵은 목소리를 좋아한다. 치명적인 매력. 역시 젊은 가수들은 이 노래의 진수를 담아내기엔 아직 시간이 미치지 못하는 것 같다.

무명가수 30호와 시인 최지인, 〈1995년 여름〉

대학교 2학년 때, 나와 친구들은 지금처럼 인터넷 시대가 아니라 노트북을 끼고 살 필요가 없으니 시간이 흥건하게 남았다. 완벽한 대면의 시대였다. 공부는 대충 낙제나 면할 정도만 했고, 음악다방에서 노래를 듣거나 잔디밭에 앉아 재재대며 시간을 보냈다. 참으로 헐렁한 시간이었다. 그게 바로 인생의 숨결이라는 걸 오랜 뒤에야 알았지만….

산울림이 〈아니 벌써〉 앨범(1977년)을 내자 우리는 충격으로 흥분했다. 당시로서는 전혀 들어보지 못한 새로운 스타일의 노래였다. 내 친구 명선이의 집은 중곡동이었는데, 자기만의 방이 있었다. 우리는 그 방에서 제멋대로 자유롭게 누워, 한잔의 커피와 산울림 밴드의 노래 한 곡을 집중해서 듣는 행복을 마냥 누렸다. 새롭고 충격적인 음악을 듣는다는 게 새 첨단 시대를 맞는 거라도 되는 듯이 떠들었다. 마치 세상의 중심이 거기에라도 있는 듯이.

그런 일이 다시 생겼다.

'무명가수 30호'가 오디션 프로그램에서 나타나, 느닷없이 내 머리를 쳤다. 산울림과 서태지의 다음으로 오랜만에 받은 음악적 충격이었다. '아, 이런 신선함이라니.' 나는 그가 꼭 일등 하기를 바랐고 그대로 실현되었다.

그 뒤로 나는 그가 무명가수로 걸어온 발자취를 일일이 찾아보고 들여다보았다. 동영상과 음악 리스트를 꿰기 시작했고, 모델로 나온 잡지도 샀다. 나도 모르게 덕후에다 덕질을 하고 있었다. 그가 부른 〈4월〉의 '내 몸이 녹아내린다'는 부분에서 "아, 등허리에 전율이 오고 소름이 끼쳐." 하니, 식구들이 옆에서 뭔데 그러냐길래 그 부분만 들려주었다. 이구동성. "완전히 빠졌구먼."

나는 아침마다 무명가수 30호의 노래를 하나씩 들으며 그의 음악 세계를 독파하기 시작했다. 특히 그가 쓴 가사들이 무엇보다 좋았다. 적당한 자기 독백 같은 읊조림과 문학적인 언어들이 살아 움직였다.

그러다가 어느 날, 〈1995년 여름〉이란 노래를 듣게 되었다. 아니, 이 사람이 가수라더니 시인이잖아, 하며 나는 소리를 질렀다.

"이놈의 집구석/ 넌더리가 난다고 했던/ 주말 오후에는 아무 일도 없었다/(…) 슬픈 마음이/ 안 슬픈 마음이/ 될 때까지 난/

슬플 때마다/ 슬프다고 말했다/ 어머니도 한때는 무용수였다"
 그는 가사에 배여 있는 삶의 냄새를 더 가까이, 더 낮게 불렀다. 마음에 와 닿았다.
 그런데 찾아보니 〈1995년 여름〉은 《나는 벽에 붙어 잤다》는 시집을 낸 최지인 시인의 시를 빌려서 쓴 곡이었다. 아, 최지인 시인이었군. 어쩐지 시적 냄새가 강하게 풍기더라니…. 시는 창작 동인 '뿔'이 낸 《한 줄도 너를 잊지 못했다》에 실려 있었다. 시인 최지인은 2019년 11월 24일 오후 6시, 배다리 삼거리 인천 양조장 2층에서 시 〈1995년 여름〉을 낭독하다가 울었다. 너무 서럽게 울어서 놀릴 수가 없어, 울음이 그치기를 기다릴 수밖에 없었다며 무명가수 30호는 그의 앨범 소개 글에 적었다.
 "자기 시를 낭독하다가, 서럽게 우는 시인. 어쩔거나. 나는 그 마음을 주워서 내 손에 담아본다. 그가 울었는데 내가 아프다."
 서로 친구라는 두 사람. 이번엔 반대로 최지인 시인이 무명가수의 노래 〈지식보다 거대한 우주에는〉을 듣고 쓴다. "윤의 반 평짜리 작업실에는 의자가 하나 기타가 한 대 노트북과 소박한 음향장비 그리고 보라색 트렁크 먹다 남은 소보로빵 인스턴트 커피 (…) 꿈속에서 윤은 늘 쫓기는 사람이었다." 시와 노래의 내용이 겹치는 부분은 없다. 제목만 같다.
 무명가수 30호의 이름은 '이승윤'이다.

그의 모든 음악은 동영상과 온라인 음악 서비스에서 들을 수 있다. 하루에 한 곡씩 한 달이면 거의 듣게 된다. 특히 〈1995년 여름〉은 가사에 '삶의 냄새'가 가득 들어 있다. 무명가수와 시인, 눈물, 그리고 안 슬퍼지려고 슬퍼하는 슬픔의 선율이 가슴으로 들어오는 날, 우리는 정화된 순간의 영성靈性을 맞이할 수 있을 것이다.

마리아 칼라스, 〈노르마-카스타 디바〉

"앗! 저 눈은 칼라스의 눈인데….."

나는 아파트 주차장을 내려갈 때 반사경에 비치는 우리 차 헤드라이트의 두 눈을 볼 때마다 그녀를 떠올린다. 노르마 (Norma)의 여신, 마리아 칼라스. 열정과 냉정이 교차하는 강렬한 두 눈은 이제 '칼라스'라는 존재 그 자체로 상징된다. 이 차를 디자인한 사람이 칼라스를 무척 좋아했나보다 상상하며, 마치 내 옆에 그녀가 같이 탄 듯한 기분을 느껴본다. 좋은 디자인은 이렇게 사람을 행복하게 만든다.

충주로 수필가들과 문학기행을 갔을 때이다. 버스 안에서 〈노르마〉를 듣는데 차창 밖으로 지나가는 경치와 음악이 너무 잘 어울려 근사했다. 나는 앞자리에 앉아 계시던 고봉진 선생님과 엄정식 교수님께 "이 음악 한번 들어보실래요?" 했다. 이

어폰을 하나씩 나눠 귀에 꽂으시더니 금방 "노르마로군." "노르마는 역시 칼라스지." 하셨다. 두 분 다 클래식 음악에 조예가 깊은 분이라 역시 음악에 대한 감도가 깊고 높았다. 잠시 차 안은 클래식 공연장이 되었다.

기억과 추억은 우리에게 잠시지만 안식을 준다. '떠올리고 잠기는' 짧은 순간이지만, 우리는 시계의 쉼 없는 질주를 잠시 멈출 수 있고, 잊었거나 잃어버린 과거를 되살릴 수 있다. 마리아 칼라스는 나에겐 '기억과 추억'의 꿈꾸는 열쇠이다.

〈노르마〉는 오페라 작곡가로서 최고의 명성을 자랑하는 빈센초 벨리니(Vincenzo Bellieni)의 작품이다. 19세기 벨칸토 전통의 정점에 있는 최고의 오페라이다. 벨리니는 "모든 것을 희생해서라도 노르마를 구하고 싶다."라고 말할 정도로 이 오페라의 주인공 노르마에 대한 애정이 컸다고 한다. 세 남녀의 비극적인 사랑 이야기를 다룬 이 음악은 아름답지만 음악으로 표현하기 어려워서인지, 이 곡을 소화할 수 있는 가수들이 드물어 공연을 자주 못했다. 이때 세기의 소프라노 마리아 칼라스가 노르마를 완벽히 재현함으로써 노르마는 마리아 칼라스라는 공식이 생긴다. 이런 상황에서 다른 오페라 가수들이 그 뒤를 이어 부르는 게 얼마나 부담이 되었을까. 큰 나무 밑에서는 다른 나무들이 잘 자라지 못한다는 속담이 생각난다.

특히 이 작품 중에서 가장 유명한 아리아는 '정결한 여신-카스타 디바(Casta Diva)'로 달에 바치는 기도인데, 음악적 선율이 더할 나위 없이 아름답다. 클라이맥스의 고음 부분에서는 음의 극치가 느껴지며 심장의 박동 수가 올라가고, 정화되는 순간의 기쁨을 맛볼 수 있다. 가슴 안의 모든 찌꺼기 감정들이 분출되는 기분이다.

"순결한 여신이여, 당신은 은빛으로 물듭니다/ 이 신성하고 아주 오래된 나무들을/ 우리에게 보여주소서, 당신의 아름다운 모습을/ 구름도 없고 베일도 쓰지 않은/ 진정시켜 주소서, 오 여신이여…."

놀라운 것은 지금은 사용하지 않는 이탈리아의 구화폐 '리라' 앞면에는 벨리니 대극장을 배경으로 한 벨리니의 얼굴이, 뒷면에는 그가 가장 아꼈던 오페라 〈노르마〉의 한 장면이 새겨져 있었다고 한다. 음악과 음악가에 대한 사랑과 존중이 무엇인지를 새삼 느끼게 된다.

한 가지 재미있는 에피소드는 노르마를 연상시키는 '파스타 알라 노르마(Pasta alla Norma)'란 이름의 파스타가 있는데, 가지, 토마토, 샬롯, 바질과 리코타 치즈, 카사레치아 면으로 만든 시칠리아 전통 파스타이다. 당시 동네 가정집에서 흔히 해 먹던 흔한 요리인데, 어떤 작가가 그 맛에 대한 경탄으로 '노르마'를 외쳐서 그렇게 됐다는 우스개 풍문도 있다. 시칠리아 사람들은 위대한 작곡가 벨리니가 시칠리아 땅에서 탄생한 것에 큰 자부심을 느꼈다니, 그의 최고의 작품 〈노르마〉를 위한 파스타도 나왔을 법하다. 34세의 나이로 요절했지만, 그를 사랑하고 예술을 사랑하는 시칠리아 사람들은 이 파스타를 먹을 때마다 〈노르마〉를 기억할 것만 같다.

이 'Casta Diva'는 마리아 칼라스 버전이 제일 많이 나와 있지만, 조수미도 불렀다.

칼라스에 비해 곱고 부드럽게 느껴진다. 존 서덜랜드와 르네 플레밍, 마리나 레베카, Marina Mescheriakova 등의 음원으로 비교하며 들어보는 것도 재미이다.

음악이 사랑이다, 〈From Russia with love〉

　부다페스트의 뒷골목을 돌아다녔다. 여행단 중 한 팀은 다뉴브강 유람선을 타고 아름다운 야경을 구경하고 있었고, 나머지는 부다페스트의 밤거리를 가이드와 함께 걸었다. 생각보다 어둡고 거친 느낌이 드는 거리였다. 한 명의 남자와 일곱 명의 중년 여자 중 누구를 더 믿고 가야 할지 모르지만, 방랑기가 좀 있는 우리는 약간의 두려움을 안고 제법 걸었다. 드디어 한 명씩 다리가 아프다는 얘기가 나오자, 호텔 맨 위 라운지로 올라갔다. 금강산도 식후경이고, 아픈 다리는 앉는 것밖에 방법이 없다.
　호텔 안은 별천지였다. 밖의 어둠에 비해 밝고 아늑했다. 자리에 앉자마자 눈에 들어온 것은 나이가 든 백발의 피아니스트였다. 그랜드 피아노 앞에서 연주하는 그의 모습은 한 장의 '컷'

이었다. 나는 칵테일을 한 잔 시키고, 혹시(?) 하는 마음으로 신청곡을 적었다. '여기는 동유럽이고 아마 뮤지션이라면 이 음악을 알 거야.'하며 10유로와 함께 갖다 드렸다. 잠시 뒤에 피아니스트는 웃으시며 그랜드 피아노 가까이 오라고 손짓을 했고, 우리는 웃으며 다가갔다. 백발의 피아니스트는 우아한 몸짓으로 〈From Russia with love〉를 연주했다. 그 순간 사랑도 이보다 더 달콤하지는 않으리라는 생각이 들었다. 눈을 마주치며 연주를 하는 그를 바라보며 우리는 음악과 여행의 밤, 부다페스트에 한껏 젖어 들었다.

이 음악은 영화 007시리즈 중 '007 위기일발, From Russia with love(1963년)'에 나온다. 32세의 젊은 숀 코너리의 모습을 볼 수 있는데, 그가 찍은 007 영화 중 가장 좋아했던 작품이라고 한다. '위기일발'이란 터무니없는 제목에 대한 비판을 많이 받았다.

"러시아에서 사랑과 함께 나는 당신에게로 날아가요. 당신과 헤어지고 나서 현명해졌어요, 세계를 돌아다니며 배웠어요. (…) 러시아에서 사랑을 담아 당신에게 돌아가야 한다는 것을."

사랑은 만나고 헤어지고, 다시 돌아오는 과정이 필수인 것 같다. 잠시지만 헤어짐으로써 두 사람의 진실한 사랑을 확인할 수 있고, 자신만의 사랑을 되찾는다. 모든 것을 극복하게 하는 사랑은 행복하냐 아니냐는 문제가 되질 않는다. 사랑 그 자체로 그 의미는 충분하다. 이 노래의 가사처럼 세상을 다 돌아다니며 사람들을 만나도 자기 가슴 속의 사랑은 하나이다. 그러니 돌아갈 수밖에 없다. 사랑을 향해….

⟨From Russia with love⟩는 물론 맷 먼로가 정통적으로 부른 음원이 제일 많이 나온다. 007시리즈의 첫 보컬 주제곡을 부른 그는 원조 제임스 본드인 숀 코너리(Sean Connery)와 더불어 007 클래식을 아우르는 핵심이다. 그가 부르는 노래는 첩보의 암투 속에서 펼쳐지는 유혹과 로맨스를 매혹적 분위기로 만든다. 다소 중후하고 묵직하지만 왠지 편안하다. 뒤이어 많은 가수의 노래와 오케스트라 밴드들의 연주가 흘러넘친다. 연주도 좋지만 역시 이 곡은 보컬로 듣는 게 더 매력적이다.

여러 스타일의 버전으로 편곡되었다. 재즈풍으로 부르는 Jaimee Paul의 노래는 나른하면서도 사랑을 진하게 갈구하는 무드를, 보사노바풍의 리듬이 전반적으로 흐르는 'Club Casablanca' 여가수의 목소리는 사랑하는 사람과 두 눈을 맞추며 진하게 추는 뜨거운 춤이, 'Vladimir Shafranov Trio'의 연주는 마티니 한 잔을 생각나게 한다.

"보드카 마티니, 젓지 말고 흔들어서"라는 명대사를 했던 제임스 본드의 그 마티니 칵테일. 음악이 '사랑'이다.

천 원의 행복과 슬픔, 모차르트의 〈라크리모사〉

　한 남자가 아이를 업고 공연을 보고 있었다. 음악 연주와 녹음연극이 섞인 1시간 10분의 공연 동안, 남자는 내내 뒤에 서서 음악을 들었다. 이 공연은 〈천 원의 행복〉이라는 제목으로 하는 공연인데, 지역 주민들을 위한 무대라 좀 자유롭게 몰고 갔다. 지나치게 엄숙하지 않은 공연의 헐렁함이 마음을 편하게 만들었다. 음악 극작가로 활동하면서 여러 스타일의 공연을 하다가 이런 프로그램까지 하게 되었는데, '틀이 다르면 어떻고, 티켓값이 천 원이면 어떠랴. 음악만 잘 들을 수 있으면 되지.'라며 나는 맨 뒤에서 공연을 지켜보았다.
　그런데 그 남자가 괜히 신경이 쓰였다. '너무 힘들 텐데…. 음악이 제대로 들리려나.' 공연이 무사히 끝났다. 작가라고 인사를 하고 무대에서 내려오는데, 그 남자가 다가와서 꾸벅 인사를 하며 "작가님. 감사합니다. 너무 감동적이었어요."라며 울먹인다. 속이 찌르르했다. 특히 〈라크리모사〉 연주가 너무 슬펐지만, 그래서 더 좋았다며 앞으로도 계속 이런 좋은 공연을 해 달라며 웃었다. 등에 있던 아이는 어느새 깨어나 제 아빠의 손을 잡고 가자고 졸라댔다. 슬퍼서 더 좋았다니 멋진데, 하며 나도 환하게 웃어주었다. 이런 순간들이 공연의 존재를 빛나게 하고, 글이 써지지 않아 고민했던 시간을 위로해준다.

음악 극본을 쓰면서 좋았던 것 중의 하나는 연주자들이 연습하는 옆에서 들을 수 있다는 점이다. 어떨 땐 나 혼자만을 위한 공연을 해 주는 듯한 기분이 들어 행복했다. 모차르트 극 공연을 하면서 이 〈라크리모사―눈물의 날〉를 계속 들었는데, 이상하게도 음악을 듣다 보면 꼭 같은 부분에서 눈물이 맺힌다. 많이 들어서 감정이 무디어질 만도 한데 이상도 하다. 아마 이래서 위대한 음악가라고 하는 모양이다. 음악의 슬픔에 베이는 날은 종일 가슴이 뻐근하고 수액이 찬다. 그 슬픔은 음악만이 주는 '영혼의 물방울'이다. 물방울이 유리병에 가득 차는 날, 우리는 어쩌면 세상에서 가장 아름다운 순간을 맛보게 될지도 모른다.

진혼곡(Requiem) 중의 하나인 〈라크리모사〉는 8마디만 작곡되어 미완성이다. 뒤에 제자인 쥐스마이어가 '아멘' 합창을 넣어 완성했다지만, 나는 한 번도 미완성의 느낌을 받지 못했다. 그 자체로 완벽하다는 생각이다. 미완성은 완성으로 가는 길목에 있으니 음악이 오히려 열려 있어서일까.

이제는 〈라크리모사〉를 들을 때마다 아이 업은 남자의 모습이 떠오른다. 그날 그에게, 음악은 세상의 전부였던 것은 아닐까.

> 눈물의 날, 그날
> 심판받아 마땅한 죄인이
> 불꽃 속에서 되살아나는 날
> 하느님 저들을 용서하소서.
> 자비로운 주 예수여.
> 그들에게 안식을 베푸소서! 아멘.
> —모차르트의 〈레퀴엠〉 중 '라크리모사(눈물의 날)'

〈라크리모사〉는 남녀가 함께 합창하는 연주를 들을 때 그 웅장함과 비감悲感이 크게 다가온다. 코러스와 함께 하는 오케스트라의 연주는 어느 오케스트라라도 비슷한 무드를 자아낸다. 몇 명의 소규모 중창단이 부르는 노래는 합창보다는 음악의 선율이 더 직접적으로 들어오는 느낌을 준다. 피아노 연주로만 들어보는 것도 색다른 맛이다.

사라져 가는 사랑, 오마라 포르투온도의
⟨Veinte Años-20년⟩

2005년, 연세대 강당에서 오마라 포르투온도(Omara Portuondo)의 첫 내한 공연이 있었다. 부에나 비스타 소셜 클럽(Buena Vista Social Club)의 유일한 여성 멤버이자 마지막 생존 멤버였고, '쿠바의 에디트 피아프이자 디바'로 평가받는 보컬리스트.

아, 이분이 우리나라에 오시는구나. 쿠바는 멀어서 갈 엄두를 못 내고 있는데, 이렇게 와 주시는구나 하며 기쁨에 찼다. 사실 생각도 못했던 일이다. 큰아들과 나는 공연 전에 미리 가서 분위기를 마냥 즐겼다. 그 해에 스페인어 학과에 들어간 큰아들에게도 공연이 의미가 있었던지, 흥분해서 목소리가 점점 높아졌다. 영화 ⟨친구⟩의 배우 유오성이 왔는데 어찌나 잘 생기고 멋지던지, 게다가 이 공연을 보러왔다는 것만으로도 나는 내 안의 강한 이미지를 다 지워버렸다. 나의 판단력의 잣대는 때론 이렇게 무작정이고 감정적이지만, 그런 내가 싫지는 않다. 어차피 감정이란 마음의 쉬지 않는 움직임이 아니던가. 내가 움직인다, 라는 건 살아있다는 증거니까.

공연은 그야말로 멋졌다. 70세를 훌쩍 넘긴 자그마한 체구의 그녀는 나이가 무색할 정도로 열정이 가득했고, 인생의 쓸쓸함과 삶에 대한 기쁨을 노래에 담아 불렀다. 부에나 비스타 소셜 클럽의 옛 멤버들인 콤파이 세군도(2003년)와 루벤 곤잘레스, 이브라함 페레르(2005년)는 다른 세상으로 떠났지만, BVSC 베테랑 연주자 13인의 연주만으로도 쿠바의 냄새를 흠씬 맡을 수 있었다. 그 순간 내 영혼은 쿠바를 여행했고, 음악의 선율을 따라 몸과 마음이 마구 흔들거렸다. 감정이 내 정수리까지 타고 오르는 걸 느낄 수 있었다. 다만 춤을 추지 못하는 게 아쉬웠다.

'쿠바'를 떠올리면 시가와 체 게바라, 럼주와 야구가 연상된다. 그리고 또 하나는 진정으로 사랑하는 보물 '부에나 비스타 소셜 클럽'이다. 아바나에 있는 이 클럽은 쿠바 음악계의 백전노장들이 주요 멤버였고, 세월의 켜 만큼 진한 여운으로 음악을 사랑하는 이들의 가슴과 영혼을 흔든다.

더욱이 〈파리 텍사스〉와 〈베를린 천사의 시〉 등으로 유명한 거장 빔 벤더스(Wim Wenders) 감독에 의해 제작된 동명의 다큐멘터리 영화의 사운드 트랙은 사상 최고의 앨범 판매고를 올리며, 그래미상까지 수상하는 전설적인 음반을 탄생시켰다. 빔 벤더스라니, 나는 그의 팬클럽 회원이다. 좋은 건 이상하게 우연이라도 서로 통하고 이어져 감동을 준다.

〈Veinte Años〉의 노래 가사에서 "더 이상 나를 사랑하지 않는다면, 예전에 사랑했었다는 게 무슨 상관인가요. 이미 지나간 사랑은 기억해선 안 되겠지요. 나는 당신 인생의 꿈이었는데, 지금은 과거를 의미할 뿐 (…)."처럼 '지나갔다(과거)'는 스페인어 '파사도(Pasado)'란 말이 유난히 귀에 똑똑히 들려온다. 가수들이 그 부분에서 감정이 격해지는 것 같다. 상처, 회한, 사라진 꿈들이 그 낱말 하나에 응축되어 있나 보다.

이 음악을 BVSC의 음반으로 듣는 건 그야말로 기본이다. 늘 말하지만 기본에 우선은 충실하자. 오마라 포르투온도의 Full Album(World Circuit) 속의 목소리는 그녀만을 온전히 느낄 수 있다.

다음에 꼭 추천하고 싶은 건 베보 발데스(Bebo Valdés)의 노래이다. 굵직한 저음으로 첫 음을 떼는 그의 목소리는 그야말로 근사하다. 그런 음은 절대 쉽게 나오지 않는다. 자기의 삶을 통째로 담아 혼신을 다해 부를 때만 가능하다. 노래 한 곡에 '삶의 속 맛'을 다 담았다. 피아노 연주자, 밴드 리더, 작곡가 그리고 기획자로 쿠바 음악의 황금기에 중심인물이었고, 아들 추초 발데스도 재즈 피아니스트로 유명하다.

동영상에서 'Issac y Nora'를 쳐 보자. 엘 오르미게로 프로그램에 출연한 소녀 노라의 순수한 목소리로 듣는 색다름이 있다. 이 'Issac y Nora'는 한국인 아빠와 프랑스인 엄마, 남매로 구성된 음악 가족이다.

책 읽어주는 음악, 베토벤 피아노 소나타 17번 〈템페스트(Tempest)〉

책을 읽어주는 동영상 프로그램이 많이 생겼다. 처음에는 조금 낯설었는데, 익숙해지니 이제 제법 들을 만하다. 침대나 소파에 편히 누워 들으면 집중도 잘 되고, 눈으로 보는 것과는 다른 맛이 있다.

'내가 책을 읽는' 게 아니라 누군가 타인이 '책을 읽어준다'는 것은 혼자가 아니라 함께 읽는다는 의미가 들어있다. 나만의 고유한 정신 영역에서 공동의 영역으로의 이동이다. 나의 정신이 홀로 방황하거나 움직이는 게 아니고 '듣는다'는 수동적인 모습을 보여야 한다. 책과 나 사이에 타인이 존재한다는 게 쉽진 않지만, 라디오 연속극을 듣는다고 생각하면 마음이 조금 편해진다. 하지만 여전히 책과 나만의 세계를 선뜻 내주기가 아깝다. 그런데 중간자로서 타인이 존재하는 것뿐만 아니라,

아예 그 실체를 보이는 경우도 있다.

　영화 〈책 읽어주는 여자 La lectrice〉. 나는 주인공 마리가 '젊은 여성이 댁에서 책을 읽어드립니다'라는 광고를 내고, 다섯 사람에게 책을 읽어주는 전달자로 나서는 행위에 대해 착잡했다. 왜 하필 젊은 여자라는 걸 썼을까? 왜 다른 장소도 있는데 댁에서라니? 이런 광고 문구를 볼 때 사람들이 제일 먼저 떠올리는 건 뭘까? 온갖 잡다한 생각이 들었다. 욕망과 성性의 이미지가 너무 강하게 풍기기 때문이다. 사람들의 욕망과 결핍에 대한 해소를 돕는 도우미로서의 가치는 금방이라도 사라질 것만 같았다.

　그런데 영화에서 내내 나오는 바로 이 음악, 베토벤 피아노 소나타 17번 31악장 〈템페스트〉가 나를 구해냈다. 처음부터 격정적으로 흘러나오는 피아노 소리는 곡이 연주되는 내내 아름다운 선율을 놓치지 않는다. 나는 숨을 내쉬었다.

　베토벤은 32개의 피아노 소나타를 작곡했는데, 이 17번 소나타는 셰익스피어의 희곡 〈템페스트〉와 관련이 있다고 해서 '템페스트'라는 부제가 붙어있다. 베토벤은 평소 셰익스피어의 작품을 많이 읽어서, 이 제목을 인용했다고 전해진다. 셰익스피어의 마지막 작품인 이 작품은 운명을 바꾸는 마법의 폭풍우를 표현한 밀라노의 대공인 푸로스퍼로가 정령과 마법의 도움으로 지위를 되찾는 신비한 이야기이다.

　셰익스피어가 은퇴를 준비하던 1611년에 집필되었으며, 〈맥베스〉와 더불어 그의 작품 중 가장 짧은 극이다. 17세기 프랑스

고전 희곡의 법칙인 '삼일치(삼단일)의 법칙'을 따르고 있다. '하루 동안, 한 장소에서, 한 줄거리' 중심으로 극을 펼쳐나간다는 세 가지 조건을 만족시키는, 음악적으로도 중요한 작품이다.

이 곡을 작곡한 1801년~1802년은 베토벤의 인생에서 가장 힘든 시기였다. 언젠가부터 시작된 청력 이상은 백방으로 치료를 시도해 보았지만 차도가 없이 계속 악화되기만 했고, 모처럼 진지하게 사귀었던 자신의 제자 줄리에타 귀차르디와의 연애도 결실을 보지 못했다. 이런 일련의 좌절로 인해 베토벤은 한때 자살할 생각으로 그 유명한 '하일리겐 슈타트의 유서'를 쓰기도 했다. 다행히 고통을 이겨내고 다시 음악 활동을 시작했지만…. 이 곡을 작곡할 때 이렇게 힘든 환경 탓이었는지 피아노 소나타 17번 '템페스트'는 처음부터 끝까지 격렬하고 어두운 감정의 소용돌이가 온몸의 혈관을 타고 내달린다. 그 격렬함 속에서 고통은 치유되는 듯하다.

나는 셰익스피어의 작품을 읽고, 이 음악을 들어보라고 추천한다. 분명 그 감동이 크게 다가올 것이다. 또한, 음악이 책을 읽어주는 신비하고도 놀라운 경험을 하게 된다. 음악이 책이다.

백건우의 연주가 '기도'라면, Davide Cabassi의 연주는 '열정', 유러피언 재즈 트리오의 재즈 연주는 '달콤한 인생'이고, 임현정에게는 '사랑'이 느껴졌다. 곡에 대한 느낌을 이렇게 낱말로 표현해 보는 새로운 재미를 발견했다. 연주자들이 무슨 느낌으로 했는지는 몰라도 오늘의 나는, 우리는, 각자 자기의 취향대로 듣고 느낄 뿐이다.

그 찬란한 날개를 타고, 슈베르트의 〈물 위에서 노래함〉

핸드폰의 음원 사이트를 열고 블루투스에 연결시킨다.

"(…) 시간은 젖은 날개로 날아간다. 내일도 또, 어제, 오늘과 같이. 나도 또 빛나는 날개를 타고 날아갈 것이다. 마침내 나도 고귀하고 찬란한 날개를 달고 변화하는 시간을 떠나 사라지겠지."

슈베르트의 작품 D.774 〈물 위에서 노래함(Auf dem Wasser zu Singen)〉이란 가곡의 일부 내용이다. 노래의 선율적인 부분과 리듬적인 부분이 묘하게 결합해 애수를 느끼게 한다.

젖은 날개와 찬란하게 빛나는 날개, 그사이에 한 남자가 날고 싶어 한다. 그 한 남자가 바로 슈베르트이다.

그를 생각하면, 평생 집이 없어 여기저기 얹혀살거나 떠돌아다니는 모습이 생각나 가슴 한켠이 시큰해져 온다. "매일 잠 들 때마다 다시 눈뜨지 않길 바란다."고 했다거나 "슬픔에 의해 만들어진 음악만이 사람들을 즐겁게 할 수 있다."는 말들 때문만은 아니다. 음악가들이 대체로 빈한하거나 넉넉지 못한 환경이지만, 슈베르트에게는 유독 더한 삶이 애처로워서이다. 밑바닥이 보이지 않는 삶의 고통. 그러나 그에게는 음악이 있고, 음악으로 이겨내는 힘을 얻었는지도 모른다. 31세라는 짧은 시간을 이 지상에서 살다 떠나야 할 운명의 음악가에게 음악은 행복이면서도 두려움의 대상이었을까.

이 가곡은 독일의 시인이자 법률가인 프리드리히 레오폴드의 시를 바탕으로 한 곡이다. 나중에 리스트가 피아노 버전으로 편곡했는데, 리스트의 손길이 닿아서인지 역시 아름답다. 현재 꽤 많이 연주되고 대중들에게 사랑받는 곡이다.

어느 날 하루 '연주 감상 여행'을 떠나보면 어떨까.

나는 이 곡을 먼저 테너 Ian Bostridge의 노래와 피아니스트 Julis Drake의 연주로 들었다. 가곡이니 우선은 노래가 기본이다. 기본을 알아야 그다음 단계로 넘어가는 게 자연스럽다.

그러다 우연히 Bertrand Chamayou의 피아노 연주를 듣게 되었는데, 중반부터 연주가 휘몰아치기 시작하더니 감정의 정점까지 곧장 내달렸다. 가슴이 뛰고 머리가 번쩍거렸다. '아니 이 연주자'가 누구지? 왜 이렇게 잘 쳐! 그런데 낯선 이름인데…. 찾아보았더니, 조성진의 스승이었던 Michel Beroff

의 어시스턴트였다. 조성진은 "다른 사람의 연주를 듣고 연습을 해야겠다고 마음먹었던 사람이 2명인데, 그 한 명이 바로 'Chamayou'이다."라고 말했다. 이런 스토리가 아니라도 들으면 단박 느껴진다. 뭔가 연주가 다르고 특별나며, 디테일이 살아있다는 것을.

다음엔 라이징 스타 유리 레비치(Yury Revich)의 바이올린 연주를 선택했다. 러시아 태생의 오스트리아 바이올리니스트인 그의 연주는 정통으로 연주한다. 바이올린의 선율이 이 곡에서 오히려 낯설게 느껴지는 건 가곡과 피아노 연주가 강해서가 아닐까 싶다.

마지막으로 윌리엄 윤(윤홍천)의 리스트 편곡 피아노 연주. 건반으로 시를 쓰는 듯한 부드럽고 촉촉한 음색으로 피아노를 연주한다는 평을 받는 그의 연주는 역시 첫 음을 부드럽게 시작한다. 중간부에 강렬해지지만 끝까지 음의 부드러운 터치를 잃지 않는다.

어느 하루, 슈베르트의 〈물 위에서 노래함〉과의 음악 여행은 우리를 잠시 예술의 세계로 이끌어 세상을 잊게 할 것이다. 아니 세상으로 걸어갈 에너지를 두 어깨에 얹혀주며 잘 살라고 등을 두드려 줄 것만 같다. 이 지상에 와서 힘들었지만, 음악으로 모든 고통을 승화시켰던 슈베르트가 우리를 위로해준다. 일단 함께 떠나자! 슈베르트의 찬란한 날개를 타고.

세상의 모든 추억을 위한 노래,
〈그린 필즈(Green Fields)〉

"전 이 노래를 들을 때마다 아버지가 떠올라요. 아버지의 애창곡이었거든요. 그래서 이 노래를 무척 좋아해요."

"아주 오래된 곡인데도 따라 부를 정도로 모든 가사와 음이 다 기억나요. 다만 이 노래를 얼마나 좋아했었나 하는 걸 잊은 것뿐이죠."

"할머니가 이 노래를 잘 부르셨는데, 나에게 세상을 떠난 큰딸이 좋아하던 노래라고 말해 주신 게 생각나요. 이 노래는 그 옛날 함께 지낸 날들을 생각나게 해요."

"여행을 갈 때마다 이 노래를 틀었어요. 어머니가 허밍으로 부르시던 모습이 떠올라 온몸에 전율이 오네요."

"아버지가 돌아가셨을 때 그의 애창곡 목록에 이 노래가 들어있는 걸 발견했어요. 아버지가 얼마나 이 노래를 좋아했는지

알겠더라고요."

〈그린 필즈 Green Fields〉.
　노래 한 곡에 그렇게 많은 답글이 달린 것도 그렇지만, 아버지나 어머니, 할머니처럼 가족이 떠오른다는 사실이 더 놀라웠다. 누군가 음악을 틀고 그 곁에서 함께 듣는 것만으로도 잊지 못할 추억이 된다니…. 노래 한 곡으로 서로의 가슴에 감동의 선이 이어지고, 삶의 어느 한순간이 빛난다. 때로는 아픈 추억으로, 더러는 그리움으로, 가끔은 인생에 대한 위로와 힐링을 해 주는 것이다.
　나만 이 노래에 아버지의 추억이 있는 줄 알았다.
　어릴 적, 아버지 친구들이 집에 오시면 흥겹게 술을 마시면서 이 노래를 틀곤 했다. 다리가 네 개인 전축은 집안의 보물이라 건넛방 중앙에 자리를 잡았고, 나는 이렇게 손님이 오실 때에 전축에서 나오는 음악을 들을 수 있었다. 아버지는 친구들이 오면 노래를 듣고 술을 마시고 이야기를 나누었다. 그런 분위기를 자연스럽게 익혔다. 나의 문화적 향유와 사회성은 우리 집 건넛방이라 할 수 있다.
　"Once there were green fields kissed by the sun…."
　이 가사는 입속으로 부르기만 해도 가슴이 울렁거린다. 어릴 때라 영어 가사의 뜻을 전혀 몰랐는데도 왠지 그 'Kissed'라는 낱말이 달콤했다. 나의 첫 입맞춤에는 이런 청각적인 음音의 기억들이 묻어 있는지도 모른다.

"한때 태양이 입 맞추는 푸른 들판이, 강물이 흐르던 계곡이, 흰 구름이 드높은 푸른 하늘이 있었고, 이 모든 것은 영원한 우리 사랑의 일부였다."는 노래 가사 속의 '한때(Once)'라는 말 한마디 사이로 지나간 과거의 상처가 느껴진다. 이제는 모두 다 한때의 추억으로 돌려보내려 하지만, 마음속에는 여전히 그대를 기다리는 막연하고 절절한 그 마음. "그대가 돌아올 때까지는 행복해질 수 없으니 돌아오라고, 푸른 초원에서 기다리는 나에게 돌아오라."며 애를 끓이며 노래한다. 과거의 모든 기억은 과거에 남겨두고, 푸른 초원으로 오라는 손길에 우리는 미소 짓는다. 이제 갈 데가 있는 것이다. 푸른 초원이 기다린다는 희망이 모든 걸 살려낸다.

이 노래는 모네나 르누아르의 전원풍의 그림이 어울리지만, 팝 아트의 천재적 화가로 불리는 키스 해링이나 장 미셀 바스키아의 현대적인 그림을 보며 듣는 것도 역설적인 매력이 있을 것 같다.

〈그린 필즈 Green Fields〉는 The Brothers Four의 노래가 거의 정석으로 여겨진다. 수잔 젝스(Susan Jacks)의 약간 느린 템포의 선율에는 감정이 담뿍 담겨 있다. 가수 배호가 불렀는데 옛 추억에 잠기게 하는 목소리이다. 이 곡은 테너 색소폰으로도 자주 연주된다.

어디로 가야 하나, 〈돈데 보이〉

잊히지 않는 영화의 한 장면들이 있다.

그다지 감동스럽게 본 영화도 아닌데, 이상하게도 그 첫 장면이 늘 슬픔처럼 가슴에 남았다. 중년의 한 남자가 공항 의자에 앉아 '어디로 가야 하나' 하며 깊은 회한에 젖은 눈길로 허공을 바라본다. 첫 장면에서 본 그의 모습이 마지막과 오버랩 되면서 나는 감정이입이 돼 가슴께가 아팠다. 저 남자를 어쩌나, 저 사람은 이제 어떻게 살아가나 싶어서…. 영화 〈사랑과 슬픔의 여로(1992년, Homo Faber / Voyager)〉이다.

창문을 손으로 닦으면 아주 조그만 방이 보인다. 가구라고 할 것도 없이 덜렁 책상 하나와 의자, 작은 침대 정도만 있는 방이다. 남자 한 사람이 매우 작은 노트에 손을 녹이며 몇 줄

적는다. 다음 씬에서 문을 열고 나오면 드넓은 설원에 극도로 작은 집들이 드문드문 있다. 작가의 방이다. 그 방이 머릿속에서 잊히질 않는다. 그곳에 가면 글이 잘 써질까.

눈 내리는 겨울 저녁, 전도유망한 작가 토마스는 '어디로 가야 하나' 망설인다. 목적 없이 차를 운전하고 가다가 비극적인 사고를 당하고, "그날의 사고가 내 운명을 송두리째 바꿨다."라고 말한다. 모든 것이 잘 될 거야, 라는 반어적인 의미를 담은 영화이다. 내가 팬클럽 회원이자 존경하는 빔 벤더스(Wim Wenders)가 감독을 맡았다. 〈(Everything will be fine, 2015년)〉

한 여자가 커다란 여행 가방을 들고 황량한 사막 길을 걸어간다. 야스민은 독일 바이에른주 로젠하임 출신의 여성으로, 남편과 함께 미국으로 여행 왔다가 심하게 다툰 후 황량한 사막에 버려진다. 어디로 가야 하나. 막막해서 그녀는 마냥 걷는다. 사막의 도로를 걸어가던 야스민은 '바그다드 카페'라는 허름한 휴게소를 발견하고 그곳에 들어간다. 물론 그 뒤의 이야기도 재밌지만, 이 영화의 백미는 단연코 음악이다. 사막 길을 걷는 여자 위로 흐르는 메인 테마는 시인 쉼보르스카의 '소란 피우지 않는 심장'조차 끝내 뒤흔들고 만다. 〈1987년, 바그다드 카페〉

〈Donde Voy (어디로 가야 하나)〉.
영화에서 음악은 심장이다. 음악이 없는 영화는 상상할 수 없다. 설혹 볼 수 있다 해도 지루해서 신경이 구부러질 것이다. 이 노래는 영화에는 나오지 않았지만, 앞에 소개한 세 편의 영화를 본 뒤에 들으면 감흥이 클 것 같다.

멕시코계 미국 가수 'Tish Hinojosa(티시 이노호사)'가 1989년 발표해 히트한 곡으로, 1900년대 열악한 노동환경 속에서 돈을 벌기 위해 미국으로 밀입국한 어느 멕시코 여인의 고난과 외로움, 이민자들의 애환을 그린 노래이다.

비 오는 날이나 마음이 우울한 날에 들으면 몸 안에서 슬픔이 터지고, 터진 슬픔의 물방울들이 몸을 적시며 위로해준다. 슬픔의 역설적인 승화 작용이다. 나는 슬픈 분위기의 글을 써야 할 때 많이 들었다. 어디로 가야 하나는 누구나 한 번쯤 고민했던 말일 것 같다. 프로스트의 〈가지 않은 길〉보다는 정채봉 시인의 "어디 갈 데가 있는 사람은 좋겠다."라는 말이 더 가깝게 느껴지는 노래이다.

"나는 어디로, 어디로 가야 하나／ 희망을 찾아 헤매고 있어 나 홀로, 나 홀로 외로이／ 사막을 떠도는 도망자처럼 (…)."

이 노래는 원래 작곡가인 'Tish Hinojosa(티시 이노호사)'가 부른 게 전형이지만, 나나 무스쿠리가 부른 노래도 좋다. '뮤직뱅크 인 멕시코' 공연에서 에일리가 부른 노래는 마지막 부분에서 힘이 좀 들어갔지만, 그 약간 거칠고 굵은 음색이 놀라울 만큼 매력이 넘친다. 심수봉이 맨 처음 번안해 불러 이 곡을 알렸다고 한다.

음악의 뮤즈가 내려오다,
파가니니의 〈베네치아의 축제〉

음악 극작가로 한창 활동할 때, 왜 그렇게 공연을 많이 가냐고 주위에서 물었다. 나는 "그분이 오실까 봐."하며 웃었다. 수십 번을 가야 한두 번이나 나타날까. 음악의 뮤즈가, 영성靈性이, 영혼의 접속이 이루어지는 감동의 순간.

나는 그날 '나 홀로 족'이었다. 누군가랑 같이 가는 음악회도 좋지만, 간단하게 혼자 즐기는 것도 괜찮다. '홀로'라는 옆구리의 외로운 공간이 음악을 더 고스란히 받아들이게 만들어서이다. 한 번 시도해 보시길…. 척 보면 그들 무리를 알 수 있다. 대체로 배낭을 메거나 커다란 가방에 커피나 음료를 준비해 오고, 인터미션에 먹을 쿠키 정도는 가져오며, 옷차림도 심플하다. 때론 잠시 그들과 한두 마디 얘기를 나누기도 하고 눈웃음만 보내기도 한다. 다시는 보지 못하더라도 전혀 상관없는 절대 타인들이지만 음악 동지 같은 느낌마저 든다.

몇 년 전 12명의 음악가가 연주하는 이 무지치(I MUSICI) 실내악단 공연을 보러 갔을 때이다. 평소에 파가니니 연주를 좋아해서 그런지 모르지만, 영화배우 뺨치게 잘 생긴 안토니오 안셀미(Antonio Anselmi)의 바이올린 솔로 연주를 듣는 순간 후드득 떨려오기 시작하더니 온몸에 소름이 쫙 끼쳤다.

이어진 휴식 시간에도 나는 그 소름 끼치는 전율에 정신을 차리지 못했다. 마치 사랑의 열병을 앓듯 내 얼굴은 열이 나고, 가슴이 뜨거워져 데일 듯했다. 나는 분분히 꽃향기가 날리는 봄날에 바람난 여자처럼 마음이 울렁거려 소리라도 지르고 싶었다.

파가니니의 그 가파르고 깊이 있는 음을 어쩌면 그리도 잘 집어내는지 누가 뭐라고 하든, 그 순간 그가 연주한 음악은 나에겐 완벽한 조화이고, 새로운 신세계이자 생의 환희이며, 나와 파가니니, 안셀미는 하나의 융합체로 녹아들어 재창조된다. 저 멀리서부터 나에게로 가까이 다가온 물결이다. 매혹당한 영혼.

그날, 드디어, 그분이 내 곁에 오신 것이다.

이럴 때 이런 감정들을 우리는 '감동'이라 부르는가.

사랑할 때 우리의 온몸에 불이 켜지는 것을 느낀다. 1층에서 100층까지 불이 들어오는 열락의 기쁨. 하지만 어찌 사랑할 때만 그러겠는가. 문학, 음악과 그림, 연극 등 지상의 모든 예술을 통해서도 자기만의 감동을 그 단계까지 느낄 수 있다.

책을 통해 책을 쓴 작가를 시공을 초월해 만나기도 하고, 음악의 선율과 그림의 색채 속에서 감동을 가진다. 모든 예술은 그 안에 감동으로 가는 길을 갖고 있다가, 사람들이 준비되면 그 길을 보여준다. 종교에 심취하는 이들이 인간 세상의 것과 비교되지 않을 영원히 숭고한 감동을 그들의 신에게서 찾듯이.

악마에게 영혼을 팔아서 바이올린의 천재성을 얻어냈다는 파가니니(Nicolò Paganini:1782년~1840년)는 이탈리아 제노바 출신이다. 그의 음악에는 마성이 느껴진다며 시기를 받는 동시에 사랑도 듬뿍 받았다. 파가니니의 연주는 관중을 광풍 속으로 몰아넣듯이 압도한다. 감각적인가 하면 낭만적이고, 음이 칼날이나 절벽처럼 가파르기도 하다가도 달콤해진다.

이런 파가니니에 대한 영화 〈악마의 바이올리니스트 파가니니: 2003년〉에 나왔다. "모든 남자가 증오했고, 모든 여자가 사랑한 남자"라는 타이틀을 달고서.

키가 작고, 털도 많고, 바싹 마른 편이었다는 그의 생김새 때문에 '악마' 별명이 붙었다는 이야기도 있지만, 바이올린의 화려한 기교 앞에서는 모두 고개를 숙였을 것 같다. 그만치 4옥타브까지의 음을 자유자재로 넘나든다는 것은 신의 영역이니. 영화에서 파가니니 역할을 한 데이비드 가렛(David Garrett)도 천재 바이올리니스트로 불리는 연주자이다.

〈베네치아의 축제: Carnevale di Venezia〉는 좀 낯설게 느껴질 수도 있으나 들어보면 아, 많이 들었던 곡이구나 하게 된다.

파가니니의 유명한 곡으로는 24개의 카프리치오와 라 캄파넬라(la Campanella)가 있지만, 이 곡도 매우 좋다.

음악을 여러 가지 곡으로, 다양한 음악가의 연주로 듣는 것도 좋은 감상법이다. 안셀미와 데이비드 가렛의 연주를 동영상으로 즐길 수 있다.

냉정과 열정의 음악,
슈베르트의 〈네 손가락을 위한 판타지〉

"냉철함으로 가슴을 웅성거리게 하는 환상곡.
깊은 광기를 은닉한 선율이 부엌과 나를 채운다."

《냉정과 열정 사이》의 여주인공 아오이는 음악의 볼륨을 크게 하고 들으면서, 이 곡을 이렇게 표현한다. 작가 에쿠니 가오리가 좋아해서 고른 곡일 수 있으나, 아오이에게 매우 잘 어울리는 분위기의 음악이다.

일본어를 나는 독학으로 배웠다. 결혼 전 잡지사를 다닐 때 일본 서적들을 읽어야 해서 급하게 혼자서 문법책을 그냥 읽고 알아갔다. 그럭저럭 잡지의 자료들을 읽을 정도는 되었다. 아쉽지만 아쉬울 것 없는 시절이고, 두려운 데도 두려워하지 않는 젊음이 있었다. 대충 번역하고 나만의 소설을 썼다. 그때의 실력이 현재까지이다.

사실 언어의 수준을 높이는 단계로 올라가기란 어렵다. 그래서 올케와 함께 줌으로 읽기로 했지만 성사되지 못하고, 대신 중국어반에 들어가 위화의 《허삼관매혈기》를 중국어로 읽는 데 기분이 그지없이 좋다. 원서를 읽는 데는 영화가 있는 소설책이 최고이다. 우선, 영화로 봐서 대충 분위기를 익힌 다음에, 소설책을 마구 읽는 것이다. 이때 단어는 안 찾는다. 같은 단어 열 번 나오면 그때 찾아본다. 구어체의 문장도 좋지만, 나는 책 속의 언어들을 더 좋아한다. 무엇보다 언어들이 아름답고 품격이 있다. 작가가 고심하고 정제해서 고른 언어들이 아닌가. 소리 내어 읽는 순간, 언어는 내 몸으로 흘러들어와 고스란히 내 것이 된다.

일본어책을 나 홀로 읽기로 작정하고 선택한 책이 《냉정과 열정 사이》이다. 책으로도 번역이 되어 있고, 영화로도 나와 있다. 게다가 남자와 여자 주인공을 각각 두 남녀 작가가 따로 써서 하나의 작품을 만들었다는 게 흥미로웠다. 에쿠니 가오리는 아오이 편(Rosso)을, 츠지 히토나리는 쥰세이 편(Blu)을 썼다. 번역도 내가 좋아하는 김난주와 양억관이다. 나는 번역된 책을 읽으며 중요한 문장마다 줄을 쳤다. 머리로 그 문장들을 미리 익혀두면 원서를 읽기가 쉬워진다. 하나 더, 일본어를 잘하는 사람에게 책의 녹음을 부탁해 노래처럼 듣는 것도 좋은 방법이었다. 하나 무엇보다도 중요한 것은 함께 책을 읽어나갈 동지이다. 최우선 조건이다.

여주인공인 아오이는 음악을 무척 좋아한다. 책 전편에 음악이 흐르는 기분이다. 책을 펴면 음악이 흘러나온다고나 할까. 책과 음악이 하나이다. 이 책에 손이 간 이유라고나 할까. 또 이탈리아 밀라노와 피렌체가 배경인 것도 마음에 들었다. 막내가 이탈리아에서 패션 공부를 하게 되어 다섯 번 정도 가게 되었다. 이탈리아에서 일 년 정도 살아보는 꿈을 꾸며 이탈리아어를 배웠는데 정작 아들이 나 대신 갔지만, 나는 이렇게 책에서 나오는 이탈리아어를 음악처럼 듣는 행복은 나만의 것이다.

이 〈네 손가락을 위한 판타지: Fantasy for 4 hands in F minor D. 940〉는 드라마 '밀회'에 나와 우리나라에서 유명해졌는데, 슈베르트가 제자 캐롤라인을 향한 그의 짝사랑의 아픔이 녹아있는 곡이라서 그런지 묘하게 잘 어울린다. 그의 생애의 마지막 곡인데 뭔가 달콤하면서도 음울한 분위기가 배어 있다. 도입부가 너무 로맨틱해서 때론 숨이 막히기도 한다. 지독하게 달콤한 걸 한입 물고는 어쩌지 못하는 그런 기분이랄까. 몸에서 엔도르핀이 떨어질 때 들으면 최고의 명약이다.

Lucas & Arthur Jussen 형제와 랑랑과 어린 소년, 임동혁과 스티븐 린의 연주. 연주자들이 연주할 때 너무 친밀한 분위기를 자아내어, 나는 가끔 에로틱한(?) 감정이 느껴지기도 한다. 과도한 몰입인가.

이경은 수필집

주름

인쇄 | 2024년 4월 26일
발행 | 2024년 4월 30일

지은이 | 이 경 은
펴낸이 | 서 정 환
펴낸곳 | 인간과문학사

주 소 | 서울특별시 종로구 삼일대로 30길 21, 종로오피스텔 809호
전 화 | 02)747-5874, 063)275-4000
등 록 | 제300-2013-10호
E-mail | human3885@naver.com inmun2013@hanmail.net

ISBN 979-11-6084-182-4 03810

값 15,000원

* 저자와 협의하여 인지는 생략합니다.
* 잘못된 책은 바꿔 드립니다.

이 도서는 2024년도 한국문화예술위원회 아르코문학창작기금발간지원
사업에 선정되어 발간되었습니다

Printed in KOREA